DOMINA EL ARTE DE COCINAR PASTA EN UNA SARTÉN

100 deliciosos platos de pasta, una sartén, sin complicaciones

CRISTIAN PRIETO

Material con derechos de autor ©2023

Reservados todos los derechos

Ninguna parte de este libro puede usarse ni transmitirse de ninguna forma ni por ningún medio sin el debido consentimiento por escrito del editor y del propietario de los derechos de autor, excepto las breves citas utilizadas en una reseña. Este libro no debe considerarse un sustituto del asesoramiento médico, legal o de otro tipo profesional.

TABLA DE CONTENIDO

TABLA DE CONTENIDO 3
INTRODUCCIÓN 7
PASTA FUSILI 8
   1. Pasta vegetariana picante horneada 9
   2. Fusilli de ajo y champiñones con ensalada de peras 11
   3. Ensalada de pasta con fusilli y verduras a la parrilla 13
   4. Ensalada picante de queso cheddar y fusilli 15
   5. Pasta Crimini Horneada 17
   6. Fusilli con tomates secos 19
   7. Carne molida y pasta en una sartén 21
   8. Fusilli de pollo en una olla 23
   9. Fusilli vegetariano y de pollo en una olla 25
PASTA PENNE 28
   10. Pasta Penne De Pollo Al Limón 29
   11. Mostaccioli de albóndigas con tres quesos 32
   12. Pasta De Salmón Ahumado 34
   13. Penne alla vodka 36
   14. Pasta de pollo con nueces 38
   15. Penne De Carne Al Horno 40
   16. Pasta con crema de pollo y queso 42
   17. Penne al horno con albóndigas de pavo 44
   18. Pasta Penne clásica 46
PASTA ROTINI 48
   19. Ensalada de pasta con camarones y tomates cherry ...49
   20. Pasta Fresca De Limón 52
   21. Ensalada Rotini De Pepperoni Y Queso 54
   22. Pasta cremosa de tomate rotini en una olla 56
   23. Rotini de carne picante en una sola olla 58
   24. Rotini de pollo y brócoli en una sola olla 60
   25. Rotini en una sartén con salsa de crema de tomate ..62
   26. Sartén Rotini con parmesano 64
   27. Rotini de pollo en una sartén 66
CONCHAS JUMBO 68
   28. Conchas Rellenas De Salchicha Italiana 69
   29. Conchas rellenas de espinacas y tres quesos 72

- 30. Conchas rellenas de espinacas decadentes 75
- 31. Conchas de pasta gigantes rellenas de ajo 77
- 32. Conchas de pasta rellenas al horno 80
- 33. Conchas Rellenas Vegetarianas A La Sartén 82
- 34. Conchas de pasta rellenas de tacos 85
- 35. Conchas Rellenas De Verano 87

PASTA DE LINGUINE 90
- 36. Ensalada de pasta con linguini romano 91
- 37. Pasta de ricota al limón con garbanzos 93
- 38. Gambas A La Carbonara 96
- 39. Linguini y salsa de almejas 99

PASTA CABELLO DE ÁNGEL 101
- 40. Pasta en una sartén 102
- 41. Camarones Cabello De Ángel Al Horno 104
- 42. Sartén De Camarones Y Langostinos 106

ÑOQUIS 108
- 43. Pollo cremoso y ñoquis en una sartén 109
- 44. Ñoquis con pesto de hierbas 111
- 45. Ñoquis de salvia y mascarpone 113

FETTUCINI 116
- 46. Alfredo Clásico 117
- 47. Horneado De Pasta Crimini 119
- 48. Pasta con ajo y parmesano en una olla 121
- 49. Fettuccine Alfredo con pollo y tocino en una olla 123
- 50. Fetuccini de champiñones 125

PASTA RIGATÓN 127
- 51. Cazuela Romano Rigatoni 128
- 52. Albahaca Rigatoni Vegana 130

MACARRONES DE CODO 132
- 53. Ensalada de pasta BLT 133
- 54. Macarrones con queso de espinacas y alcachofas 135
- 55. Cazuela De Macarrones Con Chili 137

PASTA ZITÍ 139
- 56. Ziti al horno 140
- 57. Provolone Ziti Horneado 142
- 58. Cazuela De Ziti De Res 144
- 59. Ziti al horno 146

60. Horneado De Salchicha Ziti 148

PASTA DE ESPAGUETI **150**
61. Camarones Al Pesto Con Pasta 151
62. Pasta De Atún 153
63. Espaguetis calientes y soleados 155
64. Espaguetis a la boloñesa al horno 157
65. Vieiras con espagueti 160
66. Espaguetis calientes y soleados 162
67. Tetrazzini de pollo 164
68. Rigatoni al horno y albóndigas 166
69. Sartén rápida para espaguetis 168
70. Espaguetis fáciles 170
71. Camarones Lo Mein 172
72. Tetrazzini de pollo 174
73. Sartén De Pasta Y Salchicha 176
74. Pasta con pollo a la sartén 178
75. Pasta alla Norma Sartén Horneada 181
76. Ziti y Espaguetis con Salchicha 184

PASTA BUCATINI **186**
77. Bucatini en una sartén con puerros y limón 187
78. Pasta burrata con tomate 189
79. Pasta al limón y albahaca con coles de bruselas 191
80. Bucatini de maíz con crema en una olla 193

ORZO **195**
81. Orzo parmesano 196
82. Ensalada Minty Feta y Orzo 198
83. Orzo de tomate en una olla 200
84. Sartén De Pollo Orzo 202
85. Cazuela de Orzo y Portobello 204
86. Orzo en una sartén con espinacas y queso feta 206

FARFALLE/PAJARITA **208**
87. Pasta Rústica 209
88. Pasta con pollo y crema fresca 211
89. Tiras De Pollo Y Ensalada Farfalle 213
90. Ensalada De Macarrones Con Mariscos 215
91. Pasta horneada con nueces y acelgas 217

LASAÑA **219**

92. Lasaña española 220
93. Lasaña de calabaza y salvia con fontina 222
94. Lasaña De Conchas De Pasta Cargada 225
95. Lasaña de pollo 227
96. Lasaña del suroeste 229
97. Lasaña Clásica 231
98. Lasaña picante 233
99. Lasaña de pisto 236
100. Lasaña de peperoni 239
101. Lasaña en olla de cocción lenta 241

CONCLUSIÓN 243

INTRODUCCIÓN

Bienvenido a "Domina el arte de cocinar pasta en una sartén", un viaje culinario que transformará su experiencia culinaria, haciéndola más sencilla, cómoda y sin complicaciones. Los platos de pasta en una sola sartén se han convertido en una tendencia muy apreciada en el mundo de la cocina y, en este libro de cocina, te invitamos a dominar el arte de crear deliciosas comidas de pasta con una sola sartén.

Nuestro viaje a través de la cocción de pasta en una sola sartén le presentará la elegancia de la simplicidad. Ya sea que sea un chef casero experimentado o nuevo en la cocina, este libro es su guía para crear 100 deliciosos platos de pasta con una limpieza mínima y un sabor máximo. Exploraremos las técnicas, ingredientes y métodos que hacen que cocinar pasta en una sartén sea una revolución culinaria.

Mientras nos embarcamos en esta sencilla aventura, prepárese para descubrir los secretos para dominar la pasta en una sartén. Desde los clásicos italianos favoritos hasta recetas innovadoras y creativas, descubrirá el placer de cocinar con facilidad, mientras se deleita con deliciosos platos de pasta. Profundicemos en "Domina el arte de cocinar pasta en una sartén" y simplifiquemos su experiencia culinaria, una sartén a la vez.

PASTA FUSILI

1. Horneado De Pasta Vegetariana Picante

Rinde: 6 porciones

INGREDIENTES:
- 3 tazas de pasta en espiral cruda como fusili
- 1 calabaza de verano amarilla mediana
- 1 calabacín pequeño
- 1 pimiento rojo dulce mediano
- 1 pimiento verde mediano
- 1 cucharada de aceite de oliva
- 1 cebolla morada pequeña, cortada por la mitad y en rodajas
- 1 taza de champiñones frescos rebanados
- 1/2 cucharadita de sal
- 1/4 cucharadita de pimienta
- 1/4 cucharadita de hojuelas de pimiento rojo triturado
- 1 frasco (24 onzas) de salsa marinara picante
- 8 onzas de perlas de queso mozzarella fresco
- Queso parmesano rallado y albahaca fresca cortada en juliana, opcional

INSTRUCCIONES:

a) Precalienta el horno a 375°. Cocine la pasta según las instrucciones del paquete para que quede al dente; drenar.

b) Corte las calabazas y los pimientos en 1/4 de pulgada. tiras en juliana. En un 12 pulgadas. hierro fundido u otro sartén refractaria, caliente el aceite a fuego medio-alto. Agrega la cebolla, los champiñones y las verduras cortadas en juliana; cocine y revuelva hasta que esté tierno y crujiente, de 5 a 7 minutos.

c) Agrega los condimentos. Agrega la salsa marinara y la pasta; revuelva para combinar. Cubra con perlas de queso.

d) Transfiera al horno; hornee, sin tapar, hasta que el queso se derrita, de 10 a 15 minutos. Si lo desea, espolvoree con queso parmesano y albahaca antes de servir.

2.Fusilli de ajo y champiñones con ensalada de peras

Hace: 2

INGREDIENTES:
- 1 cebolla morada
- 2 dientes de ajo
- 1 paquete de champiñones en rodajas
- 1 sobre de condimento de ajo y hierbas
- 1 paquete de nata ligera para cocinar (Contiene Leche)
- 1 sobre de caldo de pollo en polvo
- 1 paquete de fusilli (Contiene Gluten; Puede estar presente: Huevo, Soja)
- 1 pera
- 1 bolsa de hojas de ensalada mixta
- 1 paquete de queso parmesano (Contiene Leche)
- Aceite de oliva
- 1,75 tazas de agua hirviendo
- Un chorrito de vinagre (balsámico o de vino blanco)

INSTRUCCIONES:

a) Hervir la tetera. Picar finamente la cebolla y el ajo. Calienta una cacerola grande a fuego medio-alto con un generoso chorrito de aceite de oliva. Cocine los champiñones en rodajas y la cebolla, revolviendo ocasionalmente, hasta que se ablanden, lo que demora entre 6 y 8 minutos. Agregue el ajo y el condimento de ajo y hierbas y cocine hasta que esté fragante durante aproximadamente 1 minuto.

b) Agregue la crema para cocinar ligera, agua hirviendo (1 3/4 tazas para 2 personas), caldo de pollo en polvo y fusilli. Revuelva para combinar y déjelo hervir. Reduzca el fuego a medio, cubra con una tapa y cocine, revolviendo ocasionalmente, hasta que la pasta esté "al dente", lo que demora alrededor de 11 minutos. Agregue el queso parmesano rallado y sazone al gusto con sal y pimienta.

c) Mientras se cocina la pasta, corte la pera en rodajas finas. En un bol mediano, añade un chorrito de vinagre y aceite de oliva. Cubra el aderezo con hojas de ensalada mixta y pera. Sazone y revuelva para combinar.

d) Divida los cremosos fusilli de champiñones en una olla entre tazones. Servir con la ensalada de peras. ¡Disfruta de tu deliciosa comida!

3. Ensalada De Pasta Fusilli Con Vegetales A La Parrilla

Rinde: 8-10
INGREDIENTES:
ENSALADA DE PASTA
- 1 libra de fusilli
- 2 tazas de pimientos morrones rojos y amarillos asados cortados en cubitos
- 2 tazas de tomates cherry partidos por la mitad
- 2 tazas de cebolla asada picada
- 2 tazas de vinagreta de vino tinto

VINAGRETA DE VINO TINTO
- 1 taza de aceite de oliva virgen extra
- ⅓ vinagre de vino tinto
- 2 cucharadas de agua
- 4 dientes de ajo, finamente rallados
- 2 cucharaditas de mostaza Dijon
- 2 cucharaditas de orégano seco
- 2 cucharaditas de cebolla granulada
- 1 pizca de hojuelas de chile trituradas
- 2 cucharaditas de sal kosher
- 1 cucharadita de pimienta negra recién molida
- 2 cucharadas de miel

INSTRUCCIONES
VINAGRETA DE VINO TINTO:
a) Combine todos los ingredientes en un recipiente con tapa hermética.
b) Agite bien y guárdelo en el refrigerador hasta que lo necesite.

ENSALADA DE PASTA
c) Prepare la pasta como se indica en el paquete.
d) Después de cocinar, colar los fusilli y enfriarlos en agua fría para detener el proceso de cocción.
e) Transfiera la pasta a un tazón grande y mezcle los ingredientes restantes.
f) Mezclar bien y dejar toda la noche.

4. Ensalada picante de queso cheddar y fusilli

Hace: 10
INGREDIENTES:
- 2 cucharadas de aceite de oliva
- 6 cebollas verdes, picadas
- 1 cucharaditas de sal
- 3/4 taza de chiles jalapeños encurtidos picados
- 1 paquete (16 oz) de pasta fusilli
- 1 lata (2.25 oz) de aceitunas negras en rodajas
- 2 libras de carne molida extra magra
- (opcional)
- 1 paquete (1.25 oz) de mezcla de condimentos para tacos
- 1 paquete (8 oz) de queso cheddar rallado
- 1 frasco (24 oz) de salsa suave
- queso
- 1 botella (8 oz) de aderezo ranch
- 1 1/2 pimientos rojos, picados

INSTRUCCIONES:

a) Coloca una olla grande a fuego medio. Llénelo con agua y agregue el aceite de oliva con sal.

b) Cocínalo hasta que empiece a hervir.

c) Agrega la pasta y hiérvela por 10 min. Sácalo del agua y déjalo a un lado para que escurra.

d) Coloca una sartén grande a fuego medio. Dorar en él la carne durante 12 min. Deseche el exceso de grasa.

e) Agrega el condimento para tacos y mézclalos bien. Deja la mezcla a un lado para que pierda calor por completo.

f) Consiga un tazón grande para mezclar: mezcle la salsa, el aderezo ranch, los pimientos morrones, las cebollas verdes, los jalapeños y las aceitunas negras.

g) Agrega la pasta con la carne cocida, el queso cheddar y la mezcla de aderezo. Revuélvelos bien. Coloque un trozo de film transparente sobre la ensaladera. Métalo en el frigorífico durante 1 h 15 min.

5. Pasta Crimini Horneada

Hace: 6

INGREDIENTES:
- 8 h de setas crimini
- 1/3 taza de queso parmesano rallado
- 1 taza de florete de brócoli
- 3 cucharadas de hierbas provenzales
- 1 taza de espinacas, hojas frescas, bien empaquetadas
- 2 cucharadas de aceite de oliva virgen extra
- 2 pimientos rojos, cortados en juliana
- 1 cucharadas de sal
- 1 cebolla grande, picada
- 1/2 cucharadas de pimienta
- 1 taza de queso mozzarella, rallado
- 1 taza de salsa de tomate
- 2/3 libra de pasta

INSTRUCCIONES:

a)   Antes de hacer cualquier cosa, configure el horno a 450 F. Engrase una cacerola con aceite o aceite en aerosol.

b)   Consiga un tazón grande para mezclar: mezcle los champiñones, el brócoli, las espinacas, el pimiento y la cebolla.

c)   Agrega 1 cucharada de aceite de oliva, sal, pimienta y revuelve nuevamente.

d)   Extiende las verduras en el plato engrasado y cocínalas en el horno durante 10 minutos.

e)   Cocine la pasta hasta que esté al dente. Escurrir la pasta y reservar.

f)   Consiga un tazón grande para mezclar: mezcle 1 cucharada de aceite de oliva con verduras horneadas, pasta, hierbas y queso mozzarella. Vuelva a esparcir la mezcla en la cazuela.

g)   Espolvorea el queso encima y cocínalo durante 20 minutos. Sírvelo caliente y disfrútalo.

6. Fusilli con tomates secos

Hace: 6

INGREDIENTES:
- 8 onzas de Fusilli o Rotelle con sabor a vegetales
- 1 cucharada de Aceite de Oliva Virgen
- 1/2 cucharadita de hojuelas de pimiento picante
- 2 dientes de ajo grandes, picados
- 2 cebollas verdes, picadas
- 2 cucharadas de tomates secados al sol, picados
- 1 cucharada de raíz de jengibre picada
- 1 cucharada de ralladura de naranja
- 1 cucharada de pasta de tomate
- 1/2 taza de tomates ciruela italianos enlatados, escurridos y picados
- 1/4 taza de caldo de pollo
- Sal y pimienta para probar
- 2 cucharadas de cebollino picado
- 1 cucharadita de aceite de sésamo

INSTRUCCIONES:
a) Comience poniendo a hervir una olla grande con agua. Cocine la pasta hasta que alcance una textura al dente, generalmente de 8 a 10 minutos. Luego, escurre la pasta en un colador y reserva.

b) En una sartén grande antiadherente calentar el aceite de oliva virgen. Agregue las hojuelas de pimiento picante, el ajo picado, las cebollas verdes picadas, los tomates secados al sol, la raíz de jengibre y la ralladura de naranja. Sofríe esta mezcla durante aproximadamente un minuto.

c) Agrega la pasta cocida a la sartén y sofríe por un minuto más.

d) Incorpora la pasta de tomate, los tomates pera picados, el caldo de pollo, la sal y la pimienta. Mezcle bien todos los ingredientes y cocine hasta que todo esté bien caliente.

e) Para terminar, adorna el plato con el cebollino picado y rocíalo con aceite de sésamo.

f) ¡Disfruta de tus sabrosos Fusilli con tomates secados al sol!

7.Pasta y carne molida en una sartén

Hace: 4

INGREDIENTES:
- 1 cucharada de aceite de oliva virgen extra
- 1 libra de carne molida 90% magra
- 8 onzas de champiñones, finamente picados o pulsados
- 1/2 taza de cebolla picada
- 1 lata de 15 onzas de salsa de tomate sin sal agregada
- 1 taza de agua
- 1 cucharada de salsa inglesa
- 1 cucharadita de condimento italiano
- 3/4 cucharadita de sal
- 1/2 cucharadita de ajo en polvo
- 8 onzas de rotini o fusilli integrales
- 1/2 taza de queso cheddar extra fuerte rallado
- 1/4 taza de albahaca fresca picada para decorar

INSTRUCCIONES:
a) Comienza calentando el aceite de oliva virgen extra en una sartén grande a fuego medio. Agrega la carne molida, los champiñones picados y la cebolla picada. Cocine y revuelva hasta que la carne ya no esté rosada y el líquido de los champiñones se haya evaporado en su mayor parte, lo que demora entre 8 y 10 minutos.
b) Agrega la salsa de tomate, el agua, la salsa inglesa, el condimento italiano, la sal y el ajo en polvo.
c) Agrega la pasta a la sartén y déjala hervir.
d) Tapa la sartén, reduce el fuego y cocina, revolviendo ocasionalmente, hasta que la pasta esté tierna y se absorba la mayor parte del líquido. Esto suele tardar entre 16 y 18 minutos.
e) Espolvorea la pasta con el queso cheddar rallado, tapa la sartén y continúa cocinando hasta que el queso se derrita, lo que suele tardar de 2 a 3 minutos.
f) Si lo desea, decore el plato con albahaca fresca picada antes de servir.
g) ¡Disfruta de tu comida de pasta y carne molida en una sartén! Siéntete libre de experimentar con diferentes variedades de queso como mozzarella, provolone o Asiago para darle un toque de sabor único.

8. Fusilli de pollo en una olla

Hace: 4

INGREDIENTES:
- 2 cucharadas de aceite de oliva
- 1 libra de pechuga de pollo deshuesada y sin piel, en cubos
- 3 dientes de ajo, picados
- 1/2 cucharadita de condimento italiano
- 1 cartón de caldo de pollo
- 2 tomates medianos, picados
- 12 onzas de pasta fusilli cruda
- 1 pimiento rojo mediano, cortado en cubitos
- 2 cucharadas de queso parmesano rallado

INSTRUCCIONES:

a) En una cacerola grande, calienta el aceite de oliva a fuego medio-alto. Agrega el pollo cortado en cubitos y cocina durante 5 minutos, revolviendo ocasionalmente, hasta que se dore. Agrega el ajo picado y el condimento italiano; cocine y revuelva durante 30 segundos.

b) Agrega el caldo de pollo y los tomates picados; mezclar bien. Agrega la pasta fusilli y déjala hervir. Reduzca el fuego a medio y déjelo hervir suavemente, sin tapar, revolviendo ocasionalmente, durante 8 minutos.

c) Agregue los pimientos rojos cortados en cubitos. Cocine durante unos 4 minutos o hasta que la pasta y los pimientos estén tiernos y el pollo esté completamente cocido. Agrega el queso rallado.

9.Fusilli vegetariano y de pollo en una olla

Hace: 2
INGREDIENTES:
- 1 tallo de apio
- 1 zanahoria
- 1 paquete de pollo cortado en cubitos
- 1 paquete de fusilli
- 1 sobre de caldo de pollo en polvo
- 1/2 paquete de crema
- 1 bolsa de hojas tiernas de espinaca
- 1 bolsa de perejil
- 1 pizca de hojuelas de chile (si se usa)
- 1 sobre de mezcla de especias australianas
- Aceite de oliva
- 2 tazas de agua hirviendo

INSTRUCCIONES:

a) Empiece por hervir la tetera. Picar finamente el apio y rallar la zanahoria. Este es un paso en el que los niños mayores, bajo la supervisión de un adulto, pueden ayudar a rallar la zanahoria.

b) En una cacerola grande, calienta un chorrito de aceite de oliva a fuego alto. Una vez que el aceite esté caliente, cocina el pollo cortado en cubitos con una pizca de sal y pimienta, revolviendo ocasionalmente hasta que se dore y esté bien cocido, lo que demora entre 5 y 6 minutos. Transfiera el pollo a un plato. Regresa la cacerola a fuego medio-alto con otro chorrito de aceite de oliva. Cocine el apio y la zanahoria hasta que estén tiernos, unos 4-5 minutos.

c) Agrega la mezcla de especias australianas a la sartén y cocina hasta que esté fragante, durante aproximadamente 1 minuto. Agregue los fusilli, el caldo de pollo en polvo, el agua hirviendo (2 tazas para 2 personas) y devuelva el pollo cocido a la sartén, revolviendo para combinar. Déjalo hervir y luego reduce el fuego a medio-bajo. Cubra con una tapa y cocine a fuego lento, revolviendo ocasionalmente, hasta que los fusilli estén "al dente", lo que demora entre 12 y 14 minutos. Retire la tapa de la sartén, luego agregue la crema y las hojas tiernas de espinacas, cocinando a fuego lento hasta que la mezcla se espese ligeramente y las espinacas se ablanden, aproximadamente 1-2 minutos. Sazone generosamente con sal y pimienta.

d) Divida el cremoso fusilli de pollo y verduras en una olla entre tazones. Adorne con una pizca de hojuelas de chile (si las usa) y corte el perejil para servir. ¡Disfrute de su comida!

e) Para los más cocineros, pueden darle el toque final y rasgar por encima el perejil.

PASTA PENNE

10. Pasta Penne De Pollo Al Limón

Hace: 4

INGREDIENTES:
- 8 onzas de pasta penne
- 2 pechugas de pollo deshuesadas y sin piel, cortadas en trozos pequeños
- Sal y pimienta negra al gusto
- 2 cucharadas de aceite de oliva
- 3 dientes de ajo, picados
- Ralladura de 1 limón
- Jugo de 1 limón
- 1 taza de caldo de pollo
- 1 taza de crema espesa
- 1 cucharadita de tomillo seco
- ½ taza de queso parmesano rallado
- Perejil fresco picado (para decorar)

INSTRUCCIONES:
a) Cocine la pasta penne según las instrucciones del paquete hasta que esté al dente. Escurrir y reservar.
b) Sazone los trozos de pechuga de pollo con sal y pimienta negra al gusto.
c) En una sartén grande, calienta el aceite de oliva a fuego medio-alto. Agregue los trozos de pechuga de pollo a la sartén y cocine hasta que estén dorados y bien cocidos, aproximadamente de 6 a 8 minutos. Retire el pollo cocido de la sartén y reserve.
d) En la misma sartén, añade el ajo picado y saltea durante aproximadamente 1 minuto hasta que esté fragante.
e) Agrega la ralladura de limón, el jugo de limón y el caldo de pollo a la sartén. Revuelva bien, raspando el fondo de la sartén para liberar los trozos dorados.
f) Reduzca el fuego al mínimo y vierta la crema espesa. Agrega el tomillo seco. Cocine a fuego lento la salsa durante unos 5 minutos hasta que espese un poco.
g) Vuelva a colocar la pasta penne cocida y el pollo cocido en la sartén. Revuelve bien para cubrir la pasta y el pollo con la salsa.
h) Espolvorea el queso parmesano rallado sobre la pasta y revuelve hasta que el queso se derrita y la salsa esté cremosa.
i) Retire la sartén del fuego. Pruebe y ajuste el condimento con sal y pimienta negra si es necesario.
j) Sirva la pasta penne de pollo al limón caliente, adornada con perejil fresco picado.
k) Rocíe el jugo de limón sobrante por encima.

11. Mostaccioli de albóndigas con tres quesos

Ingrediente
- 1 paquete (16 onzas) de mostaccioli
- 2 huevos grandes, ligeramente batidos
- 1 caja (15 onzas) de queso ricotta semidescremado
- 1 libra de carne molida
- 1 cebolla mediana, picada
- 1 cucharada de azúcar moreno
- 1 cucharada de condimento italiano
- 1 cucharadita de ajo en polvo
- 1/4 cucharadita de pimienta
- 2 frascos (24 onzas cada uno) de salsa para pasta con carne
- 1/2 taza de queso romano rallado
- 1 paquete (12 onzas) de albóndigas italianas completamente cocidas y congeladas, descongeladas
- 3/4 taza de queso parmesano rallado
- Perejil fresco picado o rúcula tierna fresca, opcional

INSTRUCCIONES:

a) Precalienta el horno a 350°. Cocine los mostaccioli según las instrucciones del paquete para que queden al dente; drenar. Mientras tanto, en un tazón pequeño, mezcle los huevos y el queso ricotta.

b) En un recipiente de 6 cuartos. en una olla, cocine la carne y la cebolla de 6 a 8 minutos o hasta que la carne ya no esté rosada, partiendo la carne en migajas; drenar. Agregue el azúcar moreno y los condimentos. Agrega la salsa para pasta y los mostaccioli; revuelva para combinar.

c) Transfiera la mitad de la mezcla de pasta a una fuente engrasada de 13x9 pulgadas. Plato de hornear. Cubra con la mezcla de ricotta y el resto de la mezcla de pasta; espolvorear con queso romano. Cubra con las albóndigas y el queso parmesano.

d) Hornee, descubierto, de 35 a 40 minutos o hasta que esté completamente caliente. Si lo desea, cubra con perejil.

12. Pasta De Salmón Ahumado

Hace: 8

INGREDIENTES:
- 16 onzas. pasta penne
- ¼ taza de mantequilla
- 1 cebolla pequeña picada
- 3 dientes de ajo picados
- 3 cucharadas de harina
- 2 tazas de crema ligera
- ½ taza de vino blanco
- 1 cucharadas de jugo de limón
- ½ taza de queso romano rallado
- 1 taza de champiñones rebanados
- ¾ libra de salmón ahumado picado

INSTRUCCIONES:

a) Cuece la pasta en una olla con agua con sal durante 10 minutos. Drenar.

b) Derrita la mantequilla en una sartén y saltee la cebolla y el ajo durante 5 minutos.

c) Agrega la harina a la mezcla de mantequilla y sigue revolviendo durante 2 minutos.

d) Añade suavemente la nata ligera.

e) Lleve el líquido justo por debajo del punto de ebullición.

f) Agrega el queso y sigue revolviendo hasta que la mezcla esté suave, aproximadamente 3 minutos.

g) Añade los champiñones y cocina a fuego lento durante 5 minutos.

h) Transfiera el salmón a la sartén y cocine por 3 minutos.

i) Sirve la mezcla de salmón sobre la pasta penne.

13. Penne con vodka

Hace: 8
INGREDIENTES:
- 4 cucharadas de mantequilla salada
- 2 dientes de ajo, picados o rallados
- ½ cucharadita de hojuelas de pimiento rojo triturado
- ½ taza de vodka
- 1 lata (28 onzas) de tomates triturados, como tomates San Marzano o Pomi
- ½ taza de tomates secos envasados en aceite de oliva, escurridos y picados
- Sal kosher y pimienta recién molida
- ¾ taza de crema espesa
- 1 caja de penne (1 libra)
- 1 taza de queso parmesano rallado, y más para servir
- Albahaca fresca, para servir

INSTRUCCIONES:
a) En una cacerola grande, combine la mantequilla, el ajo y las hojuelas de pimiento rojo a fuego medio-bajo. Cocine, revolviendo con frecuencia, hasta que la mantequilla se derrita y el ajo esté fragante, aproximadamente 5 minutos. Agrega el vodka y deja hervir a fuego lento. Cocine hasta que se reduzca en un tercio, de 2 a 3 minutos más. Agregue los tomates triturados, los tomates secados al sol y una pizca grande de sal y pimienta. Cocine la salsa a fuego medio hasta que se reduzca ligeramente, de 10 a 15 minutos. Transfiera la salsa a una licuadora o use una licuadora de inmersión para hacer puré la salsa hasta que quede suave, 1 minuto. Agregue la crema hasta que se combine.
b) Mientras tanto, hierva una cacerola grande con agua con sal a fuego alto. Agrega el penne y cocina según las instrucciones del paquete, hasta que esté al dente. Escurrir y agregar la pasta y el parmesano a la salsa, revolviendo para combinar.
c) Para servir tradicionalmente, divida la pasta en ocho platos o tazones. Adorne con albahaca y parmesano.

14. Pasta De Pollo Con Nueces

Hace: 4

INGREDIENTES:
- 6 rebanadas de tocino
- 1 frasco (6 oz) de corazones de alcachofa marinados, escurridos
- 10 espárragos, con las puntas recortadas y picadas en trozos grandes
- 1/2 paquete (16 oz) de rotini, codo o penne
- 1 pechuga de pollo cocida, pasta en cubitos
- 1/4 taza de arándanos secos
- 3 cucharadas de mayonesa baja en grasa
- 1/4 taza de almendras tostadas en rodajas
- 3 cucharadas de aderezo de vinagreta balsámica para ensalada
- sal y pimienta para probar
- 2 cucharaditas de jugo de limón
- 1 cucharadita de salsa inglesa

INSTRUCCIONES:

a) Coloca una sartén grande a fuego medio. Cocine en él el tocino hasta que esté crujiente. Retírela del exceso de grasa. Desmenúzalo y déjalo a un lado.

b) Cocine la pasta según las instrucciones del paquete.

c) Consiga un tazón pequeño para mezclar: combine la mayonesa, la vinagreta balsámica, el jugo de limón y la salsa inglesa. Mézclalos bien.

d) Consigue un tazón grande para mezclar: echa la pasta con el aderezo. Agrega las alcachofas, el pollo, los arándanos, las almendras, el tocino desmenuzado y los espárragos, una pizca de sal y pimienta.

e) Revuélvelos bien. Enfriar la ensalada en el frigorífico durante 1 h 10 min y servirla.

15. Penne De Carne Al Horno

INGREDIENTES:
- 1 paquete (12 onzas) de pasta penne integral
- 1 libra de carne molida magra (90% magra)
- 2 calabacines medianos, finamente picados
- 1 pimiento verde grande, finamente picado
- 1 cebolla pequeña, finamente picada
- 1 frasco (24 onzas) de salsa para espaguetis
- 1-1/2 tazas de salsa Alfredo baja en grasa
- 1 taza de queso mozzarella semidescremado rallado, cantidad dividida
- 1/4 cucharadita de ajo en polvo
- Perejil fresco picado, opcional

INSTRUCCIONES:

a) Cocine el penne según las instrucciones del paquete. Mientras tanto, en una olla, cocine la carne, el calabacín, el pimiento y la cebolla a fuego medio hasta que la carne ya no esté rosada, partiéndola en migajas; drenar. Agrega la salsa para espaguetis, la salsa Alfredo, 1/2 taza de queso mozzarella y el ajo en polvo. Escurrir el penne; Incorpora la mezcla de carne.

b) Transfiera a un 13x9 pulgadas. fuente para hornear cubierta con aceite en aerosol. Tapar y hornear a 375° durante 20 minutos. Espolvorea con el queso mozzarella restante. Hornee, sin tapar, de 3 a 5 minutos más o hasta que el queso se derrita. Si lo desea, cubra con perejil.

16. Pasta con crema de pollo y queso

Hace: 6
INGREDIENTES:
- 1 1/2 taza de harina, más
- 1 pimiento rojo, cortado en juliana
- 1 cucharadas de harina
- 1/2 taza de vino blanco
- 1 cucharadas de sal
- 1/2 libra de hojas enteras de espinaca, sin tallos
- 2 cucharaditas de pimienta negra
- 12 onzas líquidas. crema espesa
- 2 cucharaditas de condimento de hierbas italiano
- 1 taza de queso parmesano, rallado
- 3 libras pechugas de pollo deshuesadas y sin piel
- 3 onzas líquidas. aceite vegetal, dividido
- 1 libra de pasta penne
- 1 cucharadas de ajo, picado

INSTRUCCIONES:
a)   Antes de hacer cualquier cosa, configure el horno a 350 F.
b)   Consiga un plato poco profundo: mezcle 1 1/2 taza de harina, sal, pimienta negra y condimento de hierbas italianas.
c)   Coloque una sartén grande apta para horno a fuego medio y luego caliente un poco de aceite.
d)   Cubra las pechugas de pollo con la mezcla de harina y luego dórelas en la sartén durante 4 minutos por cada lado. Transfiere la sartén con el pollo al horno y cocínalo por 17 min.
e)   Cocine la pasta penne siguiendo las instrucciones del paquete hasta que esté al dente.
f)   Escúrrelo y déjalo a un lado.
g)   Para hacer la salsa:
h)   Coloca una cacerola grande a fuego medio. Agregue 1 oz. de aceite. Cocine en él el pimiento rojo con ajo durante 1 min. Agrega la harina.
i)   Agrega el vino y déjalos enfriar durante 1 min. Agrega la nata y las espinacas y cocínalas hasta que empiecen a hervir. Agrega el queso hasta que se derrita.
j)   Consiga un tazón grande para mezclar: mezcle la pasta con la mitad de la salsa. Sirva la pasta caliente con el pollo y luego rocíe el resto de la salsa encima.

17. Penne al horno con albóndigas de pavo

INGREDIENTES : _

- 1 libra Pavo molido
- 1 diente de ajo grande; picado
- ¾ taza de pan rallado fresco
- ½ taza de cebolla finamente picada
- 3 cucharadas de piñones; tostado
- ½ taza de hojas de perejil fresco picado
- 1 huevo grande; golpeado ligeramente
- 1 cucharadita de sal
- 1 cucharadita de pimienta negra
- 4 cucharadas de aceite de oliva
- 1 libra Pasta
- 1½ taza de queso mozzarella rallado grueso
- 1 taza de queso romano recién rallado
- 6 tazas de salsa de tomate
- 1 contenedor; (15 onzas) de queso ricota

INSTRUCCIONES:

a) En un bol, mezcle bien el pavo, el ajo, el pan rallado, la cebolla, los piñones, el perejil, el huevo, la sal y la pimienta y forme albóndigas y cocinar .

b) cocinar pasta

c) En un tazón pequeño, mezcle la mozzarella y el Romano. Vierta aproximadamente 1½ tazas de salsa de tomate y la mitad de las albóndigas en un plato preparado y vierta la mitad de la pasta encima.

d) Unte la mitad de la salsa restante y la mitad de la mezcla de queso sobre la pasta. Cubra con las albóndigas restantes y deje caer cucharadas de ricotta sobre las albóndigas. Hornee el penne a mitad del horno de 30 a 35 minutos .

18. Pasta penne clásica

Hace: 8
INGREDIENTES:
- 1 paquete (16 oz) de pasta penne
- 2 latas (14,5 oz) de tomates cortados en cubitos
- 2 cucharadas de aceite de oliva
- 1 libra de camarones, pelados y desvenados
- 1/4 taza de cebolla morada picada
- 1 taza de queso parmesano rallado
- 1 Cucharadas de ajo picado
- 1/4 taza de vino blanco

INSTRUCCIONES:

a) Hervir la pasta en agua y sal durante 9 minutos y luego retirar los líquidos.

b) Ahora comienza a sofreír el ajo y la cebolla en aceite hasta que estén suaves.

c) Luego agregue los tomates y el vino.

d) Cocine a fuego lento la mezcla durante 12 minutos mientras revuelve. Luego agregue los camarones y cocine todo durante 6 minutos.

e) Ahora agrega la pasta y revuelve todo de manera uniforme.

PASTA ROTINI

19. Ensalada de pasta con camarones y tomates cherry

Rinde: 6 porciones
INGREDIENTES:
- ¾ de libra de camarones, hervidos hasta que estén rosados, aproximadamente 2 minutos, y escurridos
- 12 onzas de pasta rotini

VERDURAS
- 1 calabacín, picado
- 2 pimientos morrones amarillos, en cuartos
- 10 tomates uva, cortados por la mitad
- ½ cucharadita de sal
- ½ cebolla blanca, cortada en rodajas finas
- ¼ de taza de aceitunas negras, en rodajas
- 2 tazas de espinacas tiernas

SALSA CREMOSA
- 4 cucharadas de mantequilla sin sal
- 4 cucharadas de harina para todo uso
- ½ cucharadita de sal
- 1 cucharadita de ajo en polvo
- 1 cucharadita de cebolla en polvo
- 4 cucharadas de levadura nutricional
- 2 tazas de leche
- 2 cucharadas de jugo de limón

PARA SERVIR
- Pimienta negra

INSTRUCCIONES :
PASTA:
a) Prepare la pasta al dente según las instrucciones de la caja.
b) Escurrir y luego reservar.
VERDURAS:
c) Coloca una sartén a fuego moderado y agrega un poco de aceite.
d) Mientras revuelve ocasionalmente, cocine los calabacines, los pimientos morrones, la cebolla y la sal durante 8 minutos.
e) Agrega los tomates y cocina por 3 minutos más, o hasta que las verduras estén tiernas.
f) Agrega las espinacas y cocina durante unos 3 minutos o hasta que se ablanden.
SALSA CREMOSA:
g) En una ollita a fuego moderado, derrite la mantequilla.
h) Agrega la harina y bate suavemente para crear una pasta suave.
i) Agrega la leche y vuelve a batir.
j) Agregue los ingredientes restantes de la salsa y cocine a fuego lento durante unos 5 minutos.
ARMAR:
k) Combine los camarones cocidos, la pasta cocida, las verduras, las aceitunas negras y la salsa cremosa en un tazón para servir.
l) Adorne con una pizca de pimienta negra molida.

20. Pasta Fresca De Limón

Hace: 8
INGREDIENTES:
- 1 paquete (16 oz) de pasta rotini tricolor
- 1 pizca de sal y pimienta negra molida para
- 2 tomates, sin semillas y cortados en cubitos
- gusto
- 2 pepinos - pelados, sin semillas y
- 1 aguacate, cortado en cubitos
- cortado en cubitos
- 1 exprimido de jugo de limón
- 1 lata (4 oz) de aceitunas negras en rodajas
- 1/2 taza de aderezo italiano o más al gusto
- 1/2 taza de queso parmesano rallado

INSTRUCCIONES:
a) Cocine la pasta según las instrucciones del paquete.
b) Consiga un tazón grande para mezclar: combine la pasta, los tomates, los pepinos, las aceitunas, el aderezo italiano, el queso parmesano, la sal y la pimienta. Revuélvelos bien.
c) Coloca la pasta en el frigorífico durante 1 h 15 min.
d) Consigue un tazón pequeño para mezclar: agrega el jugo de limón con el aguacate. Mezcle el aguacate con la ensalada de pasta y sírvalo.
e) Disfrutar.

21. Ensalada Rotini De Pepperoni Y Queso

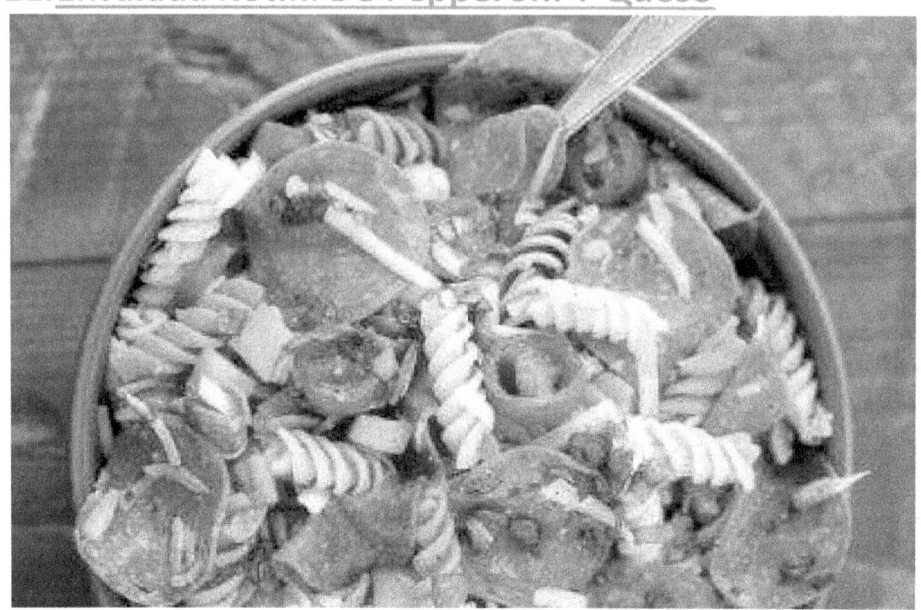

Hace: 8
INGREDIENTES:
- 1 paquete (16 oz) de pasta rotini tricolor
- 1 paquete (8 oz) de queso mozzarella
- 1/4 libra de salchicha de pepperoni en rodajas
- 1 taza de floretes de brócoli frescos
- 1 botella (16 oz) de ensalada estilo italiano
- 1 lata (6 oz) de aceitunas negras, escurridas
- vendaje

INSTRUCCIONES:
a) Cocine la pasta según las instrucciones del paquete.
b) Consiga un tazón grande para mezclar: mezcle la pasta, el pepperoni, el brócoli, las aceitunas, el queso y el aderezo.
c) Rectifica la sazón de la ensalada y colócala en el frigorífico durante 1 h 10 min. Servirlo.

22. Pasta cremosa de tomate rotini en una olla

Rinde: 4 porciones
INGREDIENTES:
- 1 cucharada de aceite de oliva
- 3 dientes de ajo picado
- 8 onzas de pasta rotini (o cualquier pasta mediana)
- 14 onzas de tomates enlatados cortados en cubitos con su jugo
- 3 cucharadas de pasta de tomate
- 1 cucharadita de condimento italiano
- ½ cucharadita de hojuelas de chile opcional
- Sal y pimienta para probar
- 2 ½ - 3 tazas de agua o caldo (más si es necesario)
- 2 tazas de pollo picado y cocido (el pollo sobrante o asado funciona bien)
- ⅔ taza de crema espesa
- 2 cucharadas de perejil fresco picado
- 1 onza de queso parmesano fresco rallado
- 1 ⅓ tazas de queso mozzarella rallado

INSTRUCCIONES:
a) Caliente el aceite de oliva en una sartén grande apta para horno, luego agregue y cocine el ajo picado hasta que esté fragante.

b) Agregue la pasta cruda, los tomates enlatados, la pasta de tomate, el condimento italiano, las hojuelas de chile (si las usa) y 2 ½ tazas de agua. Déjelo hervir a fuego lento sin tapar hasta que la pasta esté cocida, agregando más agua si es necesario (generalmente entre 11 y 13 minutos; asegúrese de que haya suficiente líquido para crear una salsa).

c) Agregue el pollo y la crema espesa. Déjelo cocinar a fuego lento durante 2-3 minutos más o hasta que la salsa espese un poco y el pollo esté completamente caliente.

d) Retire del fuego y agregue el perejil y el queso parmesano. Cubra con queso mozzarella y luego ase hasta que esté burbujeante y ligeramente dorado.

e) ¡Disfruta de tu deliciosa y fácil de preparar pasta cremosa de tomate rotini!

23.Rotini de carne picante en una sola olla

Rinde: 4 porciones

INGREDIENTES:
- 3/4 libra de carne molida magra (90% magra)
- 2 tazas de champiñones frescos rebanados
- 1 cebolla mediana, picada
- 3 dientes de ajo, picados
- 3/4 cucharadita de condimento italiano
- 2 tazas de salsa para pasta con tomate y albahaca
- 1/4 cucharadita de sal
- 2 1/2 tazas de agua
- 3 tazas de rotini de trigo integral crudo (aproximadamente 8 onzas)
- 1/4 taza de queso parmesano rallado

INSTRUCCIONES:

a) En una olla de 6 cuartos, cocine los primeros 5 ingredientes a fuego medio-alto hasta que la carne ya no esté rosada, lo que demora entre 6 y 8 minutos. Desmenuza la carne y escurre el exceso de grasa.

b) Agrega la salsa para pasta, la sal y el agua; déjelo hervir. Agregue el rotini y vuelva a hervir.

c) Reduce el fuego, tapa y deja cocinar a fuego lento durante 8-10 minutos o hasta que la pasta alcance una consistencia al dente, revolviendo ocasionalmente.

d) Servir con una pizca de queso rallado.

e) Disfrute de este rotini de carne picante hecho en una sola olla, una solución perfecta para el día del espagueti sin platos desordenados.

24. Rotini de pollo y brócoli en una sola olla

Hace: 8

INGREDIENTES:
- 1 libra de pechugas de pollo deshuesadas y sin piel
- 1 cucharada de aceite de oliva
- 1 cucharadita de sal
- 1/2 cucharadita de pimienta
- 1 cucharadita de orégano seco
- 4 tazas de caldo de pollo bajo en sodio
- 1 libra de rotini crudo o pasta de forma similar
- 1 taza de crema espesa
- 1 taza de queso parmesano rallado
- 2 tazas de floretes de brócoli (brócoli al vapor o 12 oz de brócoli congelado al vapor en una bolsa)
- 3 dientes de ajo rallados

INSTRUCCIONES:
a) Pica el pollo en trozos pequeños.
b) Caliente el aceite de oliva en una olla profunda de 4,5 cuartos a fuego medio.
c) Agregue el pollo, el orégano, el ajo, la sal y la pimienta y cocine hasta que el pollo ya no esté rosado, lo que demora entre 3 y 4 minutos.
d) Agregue la pasta cruda y el caldo, déjelo hervir, luego cubra y reduzca el fuego a medio-bajo.
e) Cocine durante 8-10 minutos, revolviendo a la mitad, o hasta que la pasta esté al dente.
f) Agregue la crema, el parmesano y el brócoli al vapor.
g) Mezcle todos los ingredientes hasta que quede agradable y cremoso.
h) Adorne con queso parmesano adicional y perejil italiano fresco.
i) Disfrute de este plato rotini cremoso de pollo y brócoli, rápido y fácil, todo preparado en una sola olla.

25. Rotini en una sartén con salsa de crema de tomate

Rinde: 6 porciones
INGREDIENTES:
- 1 libra de carne molida magra (90% magra)
- 1 cebolla mediana, picada
- 2 dientes de ajo, picados
- 1 cucharadita de condimento italiano
- 1/2 cucharadita de pimienta
- 1/4 cucharadita de sal
- 2 tazas de caldo de res
- 1 lata (14-1/2 onzas) de tomates cortados en cubitos asados al fuego, sin escurrir
- 2 tazas de pasta en espiral cruda
- 1 taza de guisantes congelados
- 1 taza de crema para batir espesa
- 1/2 taza de queso parmesano rallado

INSTRUCCIONES:
a) En una sartén grande, cocine la carne y la cebolla a fuego medio hasta que la carne ya no esté rosada y la cebolla esté tierna, lo que demora entre 5 y 10 minutos. Asegúrese de partir la carne en migajas y luego escurrir el exceso de grasa.
b) Agregue el ajo y los condimentos y cocine por un minuto más.
c) Agregue el caldo de res y los tomates, luego hierva la mezcla.
d) Agrega la pasta y los guisantes, luego reduce el fuego. Cocine a fuego lento, tapado, hasta que la pasta esté tierna, lo que suele tardar entre 10 y 12 minutos.
e) Agregue poco a poco la crema y el queso, pero tenga cuidado de no dejar que hierva.
f) Disfrute de su rotini en una sartén con salsa de crema de tomate, ¡una comida aprobada por la familia que es fácil de preparar y limpiar!

26. Sartén Rotini con parmesano

Hace: 8

INGREDIENTES:
- 1 libra de salchichas de cerdo italianas, sin tripa
- 1 lata (15 oz cada una) O 1 caja (14,8 oz) de salsa de tomate Hunt's®
- 1 lata (14.5 oz cada una) de tomates en cubitos Hunt's®, sin escurrir
- 2 tazas de agua
- 1/2 cucharadita de hojas secas de albahaca
- 1/2 cucharadita de hojas secas de orégano
- 3 tazas de pasta rotini, cruda
- 1 taza de queso ricota
- 1/2 taza de queso parmesano rallado Kraft®, dividido
- 1/2 cucharadita de hojuelas de perejil

INSTRUCCIONES:

a) Desmenuza la salchicha en una sartén grande y profunda. Cocine de 8 a 10 minutos, o hasta que se dore uniformemente, revolviendo con frecuencia. Escurre la salchicha y luego regrésala a la sartén.

b) Agrega la salsa de tomate, los tomates sin escurrir, el agua, la albahaca y el orégano. Lleva la mezcla a ebullición. Agrega la pasta y revuelve. Tape, luego cocine a fuego medio-bajo durante 18 a 20 minutos, o hasta que la pasta esté tierna, revolviendo ocasionalmente.

c) Mezcla la ricota, 1/4 taza de parmesano y el perejil. Vierta esta mezcla sobre la pasta y luego gírela suavemente con una cuchara. Espolvorea el queso parmesano restante encima.

d) Disfrute de su sabrosa sartén Rotini con parmesano, una comida rápida y satisfactoria preparada en una sola sartén.

27. Rotini de pollo en una sartén

Hace: 4
INGREDIENTES:
- 1 cucharada. aceite de oliva
- 1 cucharadita ajo molido
- 8 oz. pasta rotini seca (2 tazas)
- 4 onzas. queso crema bajo en grasa, en cubos
- 1 taza de zanahorias ralladas en bolsas
- 2 tazas de pollo cocido picado (o jamón)
- 2 latas (14.5 oz cada una) de judías verdes con champiñones, escurridas
- 1/2 taza de queso parmesano rallado
- 1/4 taza de albahaca fresca picada

INSTRUCCIONES:
a) Caliente el aceite de oliva en una sartén profunda de 10 pulgadas; agregue el ajo y cocine por 30 segundos, revolviendo constantemente.
b) Agregue con cuidado 3 1/2 tazas de agua y déjala hervir. Agregue la pasta, vuelva a hervir y reduzca a fuego medio. Cocine a fuego lento según las instrucciones del paquete, revolviendo con frecuencia, hasta que la pasta esté al dente, lo que suele tardar unos 2 minutos más que las instrucciones del paquete. NO DRENAR.
c) Agregue el queso crema, las zanahorias, el pollo (o jamón), las judías verdes y el queso parmesano. Cocine durante 4 minutos o hasta que esté completamente caliente y las zanahorias estén tiernas y crujientes.
d) Agregue la albahaca antes de servir.
e) Disfrute de su pollo rotini en una sartén, una forma deliciosa y eficiente de utilizar las sobras y crear una comida satisfactoria.

CONCHAS JUMBO

28. Conchas Rellenas De Salchicha Italiana

Rinde: 4-6 porciones

INGREDIENTES:

PARA LA PASTA:
- 24 conchas de pasta gigantes

PARA LA SALCHICHA MARINARA:
- 1 libra (450 g) de salchicha italiana, sin tripa
- 1 cebolla pequeña, finamente picada
- 2 dientes de ajo, picados
- Lata de 28 onzas de tomates triturados
- 1 cucharadita de albahaca seca
- 1 cucharadita de orégano seco
- Sal y pimienta negra, al gusto.

PARA EL RELLENO Y LA DECORACIÓN:
- 2 tazas de queso ricota
- 1 ½ tazas de queso mozzarella rallado
- ½ taza de queso parmesano rallado
- ¼ de taza de perejil fresco, picado
- 1 huevo

PARA MONTAJE:
- Aceite de oliva para engrasar

INSTRUCCIONES:

PARA LA PASTA:

a) Precalienta tu horno a 350°F (175°C).

b) Cocine las conchas de pasta gigante según las instrucciones del paquete hasta que estén al dente.

c) Escúrrelas y déjalas a un lado para que se enfríen.

PARA LA SALCHICHA MARINARA:

d) En una sartén grande, calienta un poco de aceite de oliva a fuego medio-alto.

e) Agrega la salchicha italiana y cocina hasta que esté dorada y ya no esté rosada, partiéndola con una cuchara. Retire el exceso de grasa.

f) Agrega la cebolla picada y el ajo picado a la sartén con la salchicha y cocina durante unos 2-3 minutos hasta que la cebolla se vuelva transparente.

g) Agregue los tomates triturados, la albahaca seca, el orégano seco, la sal y la pimienta negra.

h) Cocine la salsa a fuego lento durante unos 10 minutos para que los sabores se mezclen y espesen un poco. Retíralo del fuego.

PARA EL RELLENO:
i) En un tazón, combine el queso ricotta, 1 taza de queso mozzarella, ¼ de taza de queso parmesano, el perejil picado y el huevo.
j) Mezclar bien para crear la mezcla de relleno.

ARMAR:
k) Engrasa una fuente para horno con aceite de oliva.
l) Extienda una fina capa de salsa marinara de salchicha en el fondo del plato.
m) Rellene con cuidado cada capa de pasta cocida con la mezcla de queso y colóquelas en la fuente para hornear preparada.
n) Vierta el resto de la salsa marinara sobre las conchas rellenas.
o) Espolvorea la ½ taza restante de queso mozzarella y el queso parmesano restante encima de las cáscaras.

HORNEAR:
p) Cubre la fuente para hornear con papel de aluminio y hornea en el horno precalentado durante 20-25 minutos.
q) Retire el papel de aluminio y continúe horneando por otros 10 minutos, o hasta que el queso burbujee y esté ligeramente dorado.
r) Deje que el plato se enfríe durante unos minutos, luego sirva las conchas rellenas de salchicha italiana calientes, adornadas con perejil fresco adicional si lo desea.

29. Conchas rellenas de espinacas y tres quesos

Rinde: 6 A 8
INGREDIENTES:
- 2 cucharadas de aceite de oliva virgen extra
- 1 libra de salchicha italiana picante molida
- 2 latas (28 onzas) de tomates triturados, como tomates San Marzano o Pomi
- 1 pimiento rojo, sin semillas y en rodajas
- 2 cucharaditas de orégano seco
- ½ cucharadita de hojuelas de pimiento rojo triturado, y más según sea necesario
- Sal kosher y pimienta recién molida
- 1 bolsa (8 onzas) de espinacas picadas congeladas, descongeladas y exprimidas para secar
- 1 caja (1 libra) de conchas de pasta gigantes
- 16 onzas de queso ricotta con leche entera
- 2 tazas de queso gouda rallado
- 1 taza de hojas de albahaca fresca, picadas y más para servir
- 8 onzas de queso mozzarella fresco, desmenuzado

INSTRUCCIONES:

a) Precalienta el horno a 350°F.

b) Calienta el aceite de oliva en una sartén grande apta para horno a fuego medio-alto. Cuando el aceite brille, agregue la salchicha y cocine, partiéndola con una cuchara de madera, hasta que se dore, de 5 a 8 minutos. Reduzca el fuego a bajo y agregue los tomates triturados, el pimiento morrón, el orégano, las hojuelas de pimiento rojo y una pizca de sal y pimienta. Cocine a fuego lento hasta que la salsa espese un poco, de 10 a 15 minutos. Agrega las espinacas. Pruebe y agregue más sal, pimienta y hojuelas de pimiento rojo.

c) Mientras tanto, hierva una cacerola grande con agua con sal a fuego alto. Agrega las cáscaras y cocina según las instrucciones del paquete, hasta que estén al dente. Escurrir bien.

d) En un tazón mediano, combine la ricota, el gouda y la albahaca. Transfiera la mezcla a una bolsa con cierre hermético de un galón. Empuje la mezcla en una esquina de la bolsa, exprima el aire de la parte superior de la bolsa y corte aproximadamente ½ pulgada de esa esquina.

e) Trabajando uno a la vez, coloque aproximadamente 1 cucharada de la mezcla de queso en cada caparazón y luego colóquelos en la sartén. Espolvorea las cáscaras uniformemente con mozzarella.

f) Transfiera la sartén al horno y hornee hasta que el queso se derrita y se dore ligeramente por encima, de 25 a 30 minutos.

30. Conchas Rellenas De Espinacas Decadentes

INGREDIENTES:
- 1 paquete (12 onzas) de conchas de pasta gigantes
- 1 frasco (24 onzas) de salsa para pasta con ajo y pimiento rojo asado
- 2 paquetes (8 onzas cada uno) de queso crema, ablandado
- 1 taza de salsa Alfredo con ajo asado
- sal pizca
- pizca de pimienta
- Una pizca de hojuelas de pimiento rojo triturado, opcional
- 2 tazas de mezcla de queso italiano rallado
- 1/2 taza de queso parmesano rallado
- 1 paquete (10 onzas) de espinacas picadas congeladas, descongeladas y exprimidas para secar
- 1/2 taza de corazones de alcachofa envasados en agua, finamente picados
- 1/4 taza de pimiento rojo dulce asado finamente picado
- Queso parmesano adicional, opcional

INSTRUCCIONES:

a) Precalienta el horno a 350°. Cocine las conchas de pasta según las instrucciones del paquete para que queden al dente. Drenar.

b) Unte 1 taza de salsa en una fuente engrasada de 13x9 pulgadas. Plato de hornear. En un tazón grande, bata el queso crema, la salsa Alfredo y los condimentos hasta que se mezclen. Agregue los quesos y las verduras. Vierta en conchas. Organizar en una fuente para hornear preparada.

c) Vierta la salsa restante encima. Hornee tapado durante 20 minutos. Si lo desea, espolvoree con queso parmesano adicional. Hornee, sin tapar, de 10 a 15 minutos más o hasta que el queso se derrita.

31. Conchas de pasta gigantes rellenas de ajo

Rinde: 24 porciones
INGREDIENTES:
- 500 gramos de conchas de pasta jumbo, hervidas hasta que estén tiernas y escurridas
- 6 cucharadas de mantequilla
- 6 dientes de ajo finamente picados (con una pizca de sal)
- 500 gramos de queso ricota
- 250 gramos de requesón
- 1/4 taza de parmesano rallado
- 6 rebanadas de prosciutto, finamente picadas
- 6 cucharadas de harina
- 2 tazas de leche
- 1 taza de crema espesa
- 1/2 taza de perejil recién picado
- 6 filetes de anchoa, finamente picados
- 3 cucharadas de perejil recién picado
- 3 cucharadas de albahaca fresca, picada
- 2 yemas de huevo batidas
- Sal y pimienta para probar

INSTRUCCIONES:

a) Comienza derritiendo la mantequilla en una cacerola a fuego lento. Agregue el ajo finamente picado y saltee hasta que comience a dorarse. Retirar del fuego y agregar la harina.

b) Regrese la cacerola al fuego y cocine, revolviendo constantemente durante dos minutos. Asegúrate de que la harina no cambie de color.

c) Retirar del fuego y agregar la leche y la nata espesa de una vez. Batir vigorosamente hasta que la mezcla quede suave. Coloca la sartén a fuego medio y agrega el perejil y las anchoas.

d) Cocine y revuelva constantemente hasta que la salsa alcance la consistencia de una crema espesa. Retirar del fuego y sazonar con sal y pimienta al gusto. Manténgalo descubierto.

e) En un tazón grande, combine la ricota, el requesón, el parmesano, el perejil, la albahaca, el prosciutto y las yemas de huevo batidas. Agregue sal y pimienta al gusto y mezcle bien.

f) Rellena cada concha gigante con una porción de la mezcla de queso. Presione suavemente los lados largos de cada cáscara para mantener su forma original antes de hervir. Retire cualquier exceso de relleno.

g) Vierta aproximadamente dos tazas de salsa en el fondo de una fuente para hornear lo suficientemente grande como para acomodar las 24 conchas en una sola capa. Coloca las conchas rellenas en el plato y vierte el resto de la salsa sobre ellas.

h) Hornee en horno precalentado a 375°F durante 15 minutos. Servir inmediatamente. ¡Disfruta de tus deliciosas conchas de pasta gigantes rellenas de ajo!

32. Conchas de pasta rellenas para estufa

Rinde: Aproximadamente de 4 a 6 personas.

INGREDIENTES:
- 15 conchas de pasta gigantes
- 1 ½ tazas de queso ricota
- 2 tazas de queso mozzarella rallado, cantidad dividida
- ¾ taza de queso parmesano rallado, cantidad dividida
- 2 cucharadas de hojas de albahaca fresca, picadas en trozos grandes
- ½ cucharadita de sal
- ¼ cucharadita de pimienta negra
- 2 tazas de salsa marinara

INSTRUCCIONES:
a) Comience poniendo a hervir una olla grande con agua con sal. Agregue las cáscaras de pasta a la olla y cocine según las instrucciones del paquete, con el objetivo de que quede al dente.

b) Consejo: hierve algunas conchas adicionales si quieres tener copias de seguridad en caso de que alguna se rompa o se rompa (¡sucede!). Si no eres quisquilloso, continúa y hierve exactamente 15 conchas.

c) Enjuague las cáscaras de pasta cocidas con agua fría hasta que estén lo suficientemente frías como para manipularlas, luego escúrralas. Déjalos a un lado mientras preparas el relleno de queso.

d) En un tazón mediano, combine la ricota, 1 taza de mozzarella, ½ taza de parmesano, albahaca, sal y pimienta. Mezclar hasta que todos los ingredientes estén bien mezclados.

e) Llene cada concha con aproximadamente 1 a 2 cucharadas de la mezcla de queso. Asegúrese de empacar bien el relleno para evitar que se derrita y se derrame durante la cocción. Continúe hasta llenar todas las conchas.

f) Vierta la salsa marinara en una sartén grande con lados altos. Coloque con cuidado las conchas rellenas en la sartén, asegurándose de que la parte superior de las conchas quede por encima de la salsa (esto evita que el relleno de queso se derrita en la salsa, aunque sigue siendo delicioso).

g) Espolvorea la 1 taza restante de mozzarella y ¼ de taza de queso parmesano sobre las conchas. Cubre la sartén y colócala sobre una hornilla a fuego medio-bajo. Cocine hasta que el queso de encima se derrita y las cáscaras estén completamente calientes, lo que suele tardar unos 10 minutos.

h) ¡Disfruta de tus deliciosas conchas de pasta rellenas al fuego!

33. Conchas Rellenas De Sartén Vegetariana

INGREDIENTES:
- 18 conchas de pasta gigantes (aproximadamente 6 oz.)
- 1 1/2 cucharadita. sal kosher, más extra para condimentar
- 2 cucharadas. aceite de oliva virgen extra
- 1/2 libra de champiñones crimini, en rodajas finas
- 1 cucharadita pimienta negra recién molida
- 1/2 taza de vino blanco seco o vermú
- 5 onzas espinacas tiernas
- 6 dientes de ajo, en rodajas finas
- 2 cucharadas. mantequilla sin sal
- 3 tazas de salsa marinara
- 1/2 cucharadita hojuelas de pimiento rojo triturado
- 2 tazas de ricota de leche entera
- 3 onzas. parmesano finamente rallado (aproximadamente 1 taza), y más para servir
- 3 cucharadas. orégano finamente picado, dividido

INSTRUCCIONES:

a) Cocine las cáscaras de pasta en una olla grande con agua hirviendo con sal, revolviendo ocasionalmente hasta que estén muy al dente, aproximadamente 9 minutos. Escurrirlas y pasarlas por agua fría para detener la cocción. Escurrir nuevamente.

b) Mientras se cocina la pasta, calienta el aceite de oliva en una sartén grande a fuego alto. Agregue los champiñones en rodajas finas y cocine, revolviendo ocasionalmente, hasta que suelten su jugo, luego se sequen y se doren bien, lo que demora entre 5 y 6 minutos. Sazone con pimienta negra y 1 cucharadita. de sal. Reduzca el fuego a medio, agregue el vino y cocine, revolviendo, hasta que se reduzca a la mitad, lo que demora entre 1 y 2 minutos. Agregue las espinacas tiernas, cubra y cocine hasta que comiencen a marchitarse, alrededor de 1 a 2 minutos. Destape y continúe cocinando, revolviendo ocasionalmente, hasta que las espinacas se ablanden por completo y la mayor parte del líquido se haya evaporado, aproximadamente de 2 a 4 minutos más. Transfiera la mezcla de champiñones a un tazón grande y reserve la sartén.

c) Cocine el ajo y la mantequilla en la sartén reservada a fuego medio-alto, revolviendo ocasionalmente, hasta que el ajo se vuelva fragante y comience a dorarse, lo que demora de 2 a 3 minutos. Agregue la salsa marinara y las hojuelas de pimiento rojo y cocine a fuego lento. Cocine, revolviendo ocasionalmente, hasta que esté bien caliente, aproximadamente de 6 a 8 minutos.

d) Mientras se cocina la salsa, agregue ricotta, 3 oz. de parmesano, 2 cdas. de orégano y la 1/2 cucharadita restante. de sal a la mezcla de champiñones y revuelva para combinar. Vierta aproximadamente 2 cucharadas. de la mezcla de ricotta en cada concha, llenándolas al máximo de su capacidad pero sin exagerar.

e) Coloque las conchas rellenas en la salsa picante en la sartén. Cubra y cocine a fuego medio hasta que las cáscaras estén bien calientes, de 4 a 6 minutos. Retirar del fuego y dejar reposar durante 5 minutos. Espolvorea con queso parmesano y la 1 cucharada restante. de orégano.

f) ¡Disfruta de tus deliciosas conchas rellenas de sartén vegetariana!

34. Conchas de pasta rellenas de tacos

Hace: 8

INGREDIENTES:
- 8 oz de conchas de pasta gigante crudas (aproximadamente 24 conchas de una caja de 12 oz)
- 1 libra de carne molida magra (al menos 80%)
- 1 paquete (1 oz) de mezcla de condimentos para tacos
- 1 lata (14,5 oz) de tomates triturados asados al fuego, sin escurrir
- 1 paquete (8 oz) de mezcla de queso mexicano rallado (equivale a 2 tazas)
- 1 taza de tomates ciruela (Roma) cortados en cubitos
- 1/4 taza de cilantro fresco picado

INSTRUCCIONES:
a) Precalienta tu horno a 350°F. Cocine las conchas de pasta como se indica en la caja y luego escúrralas.

b) En una sartén antiadherente de 12 pulgadas, cocine la carne molida a fuego medio-alto durante unos 5 minutos, revolviendo con frecuencia, hasta que esté completamente cocida. Escurrir el exceso de grasa. Agregue la mezcla de condimentos para tacos, los tomates triturados y 1 taza de queso rallado. Revuelve bien hasta que el queso se derrita por completo.

c) Llene cada caparazón de pasta con aproximadamente 1 cucharada de la mezcla de carne y colóquelas en una fuente para hornear de vidrio sin engrasar de 13x9 pulgadas (3 cuartos). Cubra las cáscaras rellenas con tomates pera cortados en cubitos y cilantro picado, luego espolvoree con la 1 taza de queso restante.

d) Hornee durante 15 a 20 minutos o hasta que el plato esté completamente caliente y el queso esté perfectamente derretido. Sirve las conchas de pasta rellenas para tacos mientras estén calientes.

e) ¡Disfruta de tus únicas y deliciosas conchas de pasta rellenas de tacos!

35. Conchas Rellenas De Verano

Rinde: 6 personas
INGREDIENTES:
- 20 a 25 conchas de pasta gigante, hervidas
- 2 cucharadas de aceite de oliva
- 1 cebolla dulce, picada
- 4 dientes de ajo, picados
- 1 calabacín, picado
- 2 mazorcas de maíz, granos cortados de la mazorca
- Sal y pimienta kosher
- 15 onzas de queso ricota
- 1 huevo grande, ligeramente batido
- 2 tazas de queso mozzarella o provolone recién rallado
- 1/2 taza de queso parmesano finamente rallado, más extra para servir
- 2/3 taza de pesto (preferiblemente pesto de albahaca)
- 2 tazas de salsa marinara
- Albahaca fresca, para servir

INSTRUCCIONES:

a) Precalienta el horno a 350 grados F. Hierve las cáscaras de pasta en agua con sal según las instrucciones del paquete. Una vez cocidos, escurrirlos.

b) Calienta el aceite de oliva en una cacerola apta para horno o en una sartén de hierro fundido. Agrega la cebolla picada y el ajo picado, junto con una pizca de sal y pimienta. Cocine, revolviendo con frecuencia, hasta que se ablanden un poco. Agrega el calabacín picado y el maíz con otra pizca de sal y pimienta. Cocine hasta que se ablanden, lo que debería tomar entre 5 y 6 minutos. Apagar el fuego y dejar enfriar un poco.

c) En un tazón grande, combine el queso ricotta, el huevo batido, 1 taza de queso mozzarella, el queso parmesano y 1/3 de taza de pesto. Agrega una pizca de sal y pimienta y mezcla hasta que esté bien combinado. Transfiera la mezcla de calabacín y maíz a la mezcla de ricotta y revuelva hasta que estén completamente combinados.

d) Agrega la salsa marinara a la fuente apta para horno en la que cocinaste la mezcla de calabacín y maíz.

e) Tome cada cáscara de pasta gigante y rellénela con 2 a 3 cucharadas del relleno de ricotta y pesto. Coloca las conchas rellenas en la salsa marinara en la sartén. Repita con las conchas restantes. Si tiene conchas adicionales, agregue un poco de salsa a una fuente o molde para hornear pequeño y coloque las conchas en capas allí.

f) Coloque el pesto restante encima de las conchas. Espolvorea el queso mozzarella restante sobre ellos. Hornee durante 25 a 30 minutos, hasta que el plato esté tibio, dorado y burbujeante.

g) Retira el molde del horno y déjalo reposar unos minutos. Cubra con más parmesano, albahaca fresca e incluso más pesto si lo desea. ¡Sirve y disfruta de tus deliciosas conchas rellenas de verano!

PASTA DE LINGUINE

36. Ensalada de pasta con linguini romano

Hace: 6

INGREDIENTES:
- 1 paquete (8 oz) de pasta linguini
- 1/2 cucharaditas de hojuelas de pimiento rojo
- 1 bolsa (12 oz) de floretes de brócoli, cortados en trozos pequeños
- 1/4 cucharaditas de pimienta negra molida
- sal al gusto
- 1/4 taza de aceite de oliva
- 4 cucharaditas de ajo picado
- 1/2 taza de queso romano finamente rallado
- 2 cucharadas de perejil fresco de hoja plana finamente picado

INSTRUCCIONES:
a) Cocine la pasta según las instrucciones del paquete.
b) Trae una olla de agua a hervir. Coloca una vaporera encima. Cocine al vapor el brócoli con la tapa puesta durante 6 min.
c) Coloca una cacerola a fuego medio. Calienta el aceite que contiene. Saltear en él los ajos con las hojuelas de pimiento durante 2 min.
d) Consiga un tazón grande para mezclar: transfiera a él la mezcla de ajo salteado con pasta, brócoli, queso romano, perejil, pimienta negra y sal. Mézclalos bien.
e) Ajusta el condimento de la ensalada. Sírvelo de inmediato.
f) Disfrutar.

37. Pasta de ricota y limón con garbanzos

Hace: 4
INGREDIENTES:
- 8 onzas de pasta linguini
- 1 taza de queso ricota
- 1 lata (15 onzas) de garbanzos, escurridos y enjuagados
- 3 tazas de col rizada toscana, sin tallos y picada en trozos grandes
- 2 cucharadas de aceite de oliva virgen extra
- 3 dientes de ajo, picados
- 1 cucharada de ralladura de limón
- 2 cucharadas de jugo de limón
- Sal y pimienta para probar
- Rodajas de limón, para decorar

INSTRUCCIONES:

a) Comience poniendo a hervir una cantidad generosa de agua con sal en una olla grande. Sigue las instrucciones del paquete de linguini y cocínalo hasta que alcance la textura al dente deseada.

b) Una vez cocida, escurre la pasta, pero asegúrate de reservar alrededor de ½ taza de agua de la pasta. Reserva la pasta y el agua reservada.

c) Calienta un poco de aceite de oliva en una sartén grande a fuego medio. Agrega el ajo picado a la sartén y saltéalo durante aproximadamente 1 minuto hasta que adquiera un aroma fragante y esté ligeramente dorado.

d) Introduce la col rizada toscana en la sartén y cocínala durante unos 3-4 minutos, revolviendo ocasionalmente, hasta que se ablande y quede tierna.

e) Baje el fuego a fuego lento e incorpore el queso ricotta, la ralladura de limón y el jugo de limón a la sartén. Revuelve bien los ingredientes, asegurándote de que se combinen para formar una salsa suave y cremosa.

f) Incorpora con cuidado los garbanzos y los linguini cocidos, asegurándote de que queden cubiertos uniformemente con la salsa cremosa. Si la salsa parece demasiado espesa, agregue gradualmente pequeñas cantidades del agua de la pasta reservada para lograr la consistencia deseada.

g) Sazone el plato con sal y pimienta según sus preferencias de gusto. Deje que los sabores se mezclen y continúe cocinando durante 2 o 3 minutos más.

h) Retire la sartén del fuego y divida los linguini de ricota y limón en platos individuales para servir. Para darle un toque extra de sabor cítrico, decora cada plato con rodajas de limón.

i) Sirve el plato inmediatamente mientras aún esté caliente y disfruta de sus sabores frescos y vibrantes.

j) Para un acompañamiento perfecto, combine este linguini de ricota y limón con garbanzos con un vino blanco fresco y sírvalo junto con un poco de pan de ajo para una comida completa y satisfactoria.

38. Carbonara De Camarones

Hace: 6
INGREDIENTES:
- ¼ de taza de aceite de oliva, dividido
- 1 libra de cubitos de pollo
- 4 cucharadas de ajo picado, cantidad dividida
- 1 cucharaditas de tomillo
- 1 cucharaditas de orégano
- 1 cucharaditas de albahaca
- 1 libra de camarones pelados y desvenados
- 16 onzas. linguini
- 6 tocino cortado en cubitos
- Sal y pimienta para probar
- 1 cebolla picada
- 1 taza de champiñones rebanados
- 1 pimiento rojo picado
- 2 tazas de crema espesa
- 1 taza de leche
- 1 ½ tazas de queso parmesano rallado
- 2 yemas de huevo
- 1 taza de vino blanco.

INSTRUCCIONES:
a) Calienta 2 cucharadas de aceituna en una sartén grande.
b) Saltee la mitad del ajo y sazone con tomillo, orégano y albahaca.
c) Agrega el pollo y cocina a fuego lento durante 10 minutos.
d) Coloca el pollo en un plato y reserva.
e) En la misma sartén, calienta 2 cucharadas de aceite de oliva y saltea el ajo restante durante 2 minutos.
f) Agrega los camarones y cocina a fuego lento durante 6 minutos.
g) Transfiera los camarones con el pollo.
h) Cocine los linguini en una olla con agua con sal durante 12 minutos.
i) Nuevamente, usando la misma sartén, fríe el tocino hasta que esté cocido, aproximadamente 5 minutos.
j) Escurre el tocino sobre una toalla de papel y desmenúzalo. Dejar de lado.
k) Saltee la cebolla, el pimiento morrón y los champiñones en la sartén con la grasa del tocino durante 5 minutos.
l) Combine la crema espesa, la leche, el queso parmesano, las yemas de huevo, la sal y la pimienta en un tazón.
m) Agrega el vino a la cebolla, el pimiento y los champiñones en la sartén y deja hervir.
n) Cocine a fuego lento durante 5 minutos.
o) Agregue la mezcla de crema espesa y cocine a fuego lento durante 5 minutos.
p) Regrese los camarones y el pollo a la sartén y cúbralos con la salsa.
q) Sirve los camarones y el pollo con la pasta.

39. Salsa de linguini y almejas

Hace: 4

INGREDIENTES:
- 16 onzas. pasta linguini
- 1 cucharadas de aceite de oliva
- 1 cebolla picada
- 5 dientes de ajo picados
- ½ taza de mantequilla
- Sal y pimienta para probar
- ¼ de taza de vino blanco seco
- ¼ taza de jugo de almejas
- 1 ½ tazas de almejas picadas
- 1 cucharadita de hojuelas de pimiento rojo

INSTRUCCIONES:

a) Cocine los linguini en una olla con agua con sal durante 10 minutos. Drenar.

b) Calienta el aceite de oliva en una sartén y sofríe la cebolla y el ajo durante 5 minutos.

c) Agrega la mantequilla, la sal, la pimienta, el vino y el jugo de almejas.

d) Cocine a fuego lento durante 25 minutos. La salsa debe quedar reducida y espesa.

e) Agregue las almejas y cocine a fuego lento durante 5 minutos.

f) Coloque los linguini en un bol y cúbralos con la salsa de almejas.

g) Sirva cubierto con hojuelas de pimiento rojo.

PASTA CABELLO DE ÁNGEL

40. Pasta en una sartén

Rinde: 5 porciones

INGREDIENTES:
- 1-1/2 libras de pavo molido
- 1 cebolla mediana, finamente picada
- 1 pimiento rojo dulce mediano, finamente picado
- 1 lata (28 onzas) de tomates cortados en cubitos, sin escurrir
- 1 lata (14-1/2 onzas) de tomates cortados en cubitos asados al fuego, sin escurrir
- 1 lata (14-1/2 onzas) de caldo de res reducido en sodio
- 1 lata (4 onzas) de champiñones rebanados, escurridos
- 1 cucharada de azúcar moreno envasada
- 1 cucharada de chile en polvo
- 8 onzas de pasta cabello de ángel cruda
- 1 taza de queso cheddar rallado

INSTRUCCIONES:

a) En una sartén grande de hierro fundido u otra sartén pesada, cocine el pavo, la cebolla y el pimiento a fuego medio hasta que la carne ya no esté rosada; drenar.

b) Agrega los tomates, el caldo, los champiñones, el azúcar moreno y el chile en polvo. Llevar a ebullición. Reducir el fuego; cocine a fuego lento, descubierto, durante 30 minutos.

c) Agrega la pasta; volver a hervir. Reducir el fuego; cubra y cocine a fuego lento hasta que la pasta esté tierna, de 30 a 35 minutos. Espolvorea con queso. Cubra y cocine hasta que el queso se derrita, 2-3 minutos más.

41. Camarones Cabello De Ángel Al Horno

INGREDIENTES : _
- 1 paquete (9 onzas) de pasta cabello de ángel refrigerada
- 1-1/2 libras de camarones medianos crudos, pelados y desvenados
- 3/4 taza de queso feta desmenuzado
- 1/2 taza de queso suizo rallado
- 1 frasco (16 onzas) de salsa con trozos
- 1/2 taza de queso Monterey Jack rallado
- 3/4 taza de perejil fresco picado
- 1 cucharadita de albahaca seca
- 1 cucharadita de orégano seco
- 2 huevos grandes
- 1 taza de crema mitad y mitad
- 1 taza de yogur natural
- Perejil fresco picado, opcional

INSTRUCCIONES:

a) En un engrasado de 13x9 pulgadas. fuente para hornear, coloque capas sobre la mitad de la pasta, los camarones, el queso feta, el queso suizo y la salsa. Repetir capas. Espolvorea con el queso Monterey Jack, el perejil, la albahaca y el orégano.

b) En un bol pequeño, bata los huevos, la nata y el yogur; vierta sobre la cazuela. Hornee, sin tapar, a 350° hasta que el termómetro marque 160°, de 25 a 30 minutos. Dejar reposar 5 minutos antes de servir. Si lo desea, cubra con perejil picado.

42. Sartén con camarones y gambas

INGREDIENTES:
- 5 cucharadas de mantequilla
- 2 cucharadas de aceite de oliva
- ½ cebolla mediana entera, finamente picada
- 4 dientes de ajo, picados
- 1 libra de camarones grandes, pelados y desvenados
- ½ tazas de vino blanco
- 4 pizcas de salsa picante
- 2 limones enteros, exprimidos
- Sal y pimienta negra recién molida al gusto
- 8 onzas de peso de pasta de cabello de ángel
- Albahaca fresca picada al gusto
- Perejil fresco picado, al gusto
- ½ tazas de queso parmesano fresco rallado

INSTRUCCIONES:

a) Calienta el aceite de oliva y derrite la mantequilla en una sartén grande a fuego medio. agregar cebollas

b) & el ajo y cocine durante dos o tres minutos, o hasta que las cebollas estén transparentes. Agregue los camarones, luego revuelva y cocine por un par de minutos. Exprima el jugo de limón. Agrega el vino, la mantequilla, la sal, la pimienta y la salsa picante. Puede agregar más salsa picante si lo desea. Revuelva y reduzca el fuego a bajo.

c) Echa la pasta de cabello de ángel al agua hirviendo. Cocine hasta que esté cocido/AL dente.

d) Escurrir, reservando una o dos tazas de agua de la pasta.

e) Retire la sartén del fuego. Agregue la pasta y revuelva, agregando un chorrito de agua de pasta si es necesario diluirla. Pruebe los condimentos y agregue sal y pimienta si es necesario.

f) Vierta en una fuente grande para servir y luego cubra con queso parmesano recién rallado y perejil picado. Servir inmediatamente. Disfrutar.

GNOCCHI

43. Pollo cremoso y ñoquis en una sartén

Rinde: 4 porciones
INGREDIENTES:
- 1 1/2 libra de pechugas de pollo deshuesadas y sin piel
- Sal kosher
- Pimienta negra recién molida
- 2 cucharadas de aceite de oliva extra virgen (dividido)
- 1 chalota pequeña, cortada en cubitos
- 8 oz. champiñones baby bella, rebanados
- 2 dientes de ajo, picados
- 2 cucharaditas hojas frescas de tomillo
- 1 cucharadita Orégano seco
- 1 taza de caldo de pollo bajo en sodio
- 1 1/4 tazas mitad y mitad
- Una pizca de hojuelas de pimiento rojo triturado
- 1 paquete (17 onzas) de ñoquis
- 3/4 taza de mozzarella rallada
- 1/2 taza de parmesano recién rallado
- 3 tazas de espinacas tiernas empaquetadas

INSTRUCCIONES:

a) Sazone el pollo por ambos lados con sal y pimienta. En una sartén grande a fuego medio-alto, calienta 1 cucharada de aceite. Agrega el pollo y cocina hasta que esté dorado, aproximadamente 4 minutos por lado. Retire el pollo de la sartén.

b) Reduzca el fuego a medio y agregue la 1 cucharada de aceite restante. Añade la chalota y los champiñones y cocina hasta que se doren, lo que tarda unos 5 minutos. Agregue el ajo, el tomillo y el orégano y cocine hasta que estén fragantes, por un minuto más. Vierta el caldo de pollo y raspe los trozos marrones del fondo de la sartén. Agregue lentamente la mitad y la mitad. Lleve la mezcla a fuego lento y sazone con sal, pimienta y una pizca de hojuelas de pimiento rojo. Agrega los ñoquis y regresa el pollo a la sartén. Déjelo cocinar a fuego lento hasta que el pollo esté completamente cocido con una temperatura interna de 165 °F, lo que debería tomar de 8 a 10 minutos. Revuelva de vez en cuando. Después de que el pollo esté cocido, retíralo de la sartén.

c) Agrega los quesos mozzarella y parmesano y revuelve hasta que se derritan. Luego, agrega las espinacas y revuelve hasta que se ablanden.

d) Corta el pollo en rodajas y regrésalo a la sartén. Sazone con más sal y pimienta al gusto.

44. Ñoquis con pesto de hierbas

Rinde: 1 porciones
INGREDIENTES:
- 6 cuartos Agua con sal
- Gnocchi
- ½ taza Caldo de pollo o agua de cocción de ñoquis reservada
- 3 cucharadas Mantequilla sin sal
- 1 taza judías verdes
- 6 cucharadas Pesto de hierbas
- Sal y pimienta
- ½ taza de queso Parmigiano-Reggiano recién rallado

INSTRUCCIONES:

a) Llevar a ebullición el agua con sal y luego agregar los ñoquis. Cocine los ñoquis, revolviendo suavemente hasta que estén tiernos, aproximadamente 1 minuto después de que suban a la superficie de la olla.

b) Mientras tanto, en una sartén grande y profunda, hierva el caldo y la mantequilla a fuego medio. Agrega los frijoles y el pesto y sazona con sal y pimienta al gusto. Llevar a ebullición y retirar del fuego.

c) Retire los ñoquis del agua y agréguelos a la sartén. Calienta hasta que esté cubierto con la salsa. Retire del fuego y agregue el queso. Servir inmediatamente.

45. Ñoquis de salvia y mascarpone

Hace: 12

INGREDIENTES:
- 1 libra de calabaza
- 1/2 taza de mantequilla sin sal
- 1 taza de queso mascarpone
- 1 pizca de pimienta de cayena
- 1/2 taza de Parmigiano-Reggiano finamente rallado
- sal y pimienta negra molida al gusto
- queso
- 1/4 taza de hojas de salvia fresca en rodajas finas
- 2 huevos grandes
- 1 cucharada de Parmigiano-Reggiano finamente rallado
- 1 1/2 cucharaditas de sal
- queso
- 1/2 cucharaditas de pimienta negra molida
- 1 taza de harina para todo uso, dividida

INSTRUCCIONES:

a) Recorta el tallo de la calabaza y córtalo por la mitad a lo largo.
b) En un plato apto para microondas, coloque la calabaza.
c) Con un film transparente, cubra el plato y cocínelo en el microondas durante unos 8 minutos.
d) Transfiera la calabaza a un plato forrado con papel toalla para que se enfríe y luego quítele la piel.
e) En un bol, agrega el queso mascarpone, 1/2 taza de queso Parmigiano-Reggiano, los huevos, la sal y la pimienta negra y bate hasta que quede suave.
f) Añade la calabaza y bate hasta que esté bien combinada.
g) Agregue 1/2 taza de harina y bata hasta que esté combinado.
h) Agregue la 1/2 taza restante de harina y revuelva hasta que esté combinado.
i) Refrigere tapado durante al menos 8 horas.
j) En una cacerola grande, agregue el agua con sal y deje hervir.
k) En una sartén antiadherente grande, derrita aproximadamente 1/3 de la mantequilla y retire del fuego.
l) Tome aproximadamente 1 1/2 cucharaditas de masa de calabaza y con una segunda cuchara, empuje la masa y colóquela en el agua hirviendo.
m) Repita con la masa restante en tandas.
n) Cuando los ñoquis suban a la superficie del agua, cocine por 1 minuto más.
o) Con una espumadera, transfiera los ñoquis a la sartén con mantequilla derretida.
p) Coloca la sartén a fuego medio-alto y cocina los ñoquis durante unos 3 minutos.
q) Espolvorea con pimienta de cayena, sal y pimienta negra.
r) Voltee los ñoquis y agregue las hojas de salvia.
s) Cocine durante unos 2-3 minutos.
t) Transfiera los ñoquis a un plato y rocíe con mantequilla dorada de la sartén.
u) Sirva con una guarnición de 1 cucharada de queso Parmigiano-Reggiano.

FETTUCINI

46. alfredo clasico

Hace: 8
INGREDIENTES:
- 6 mitades de pechuga de pollo deshuesadas y sin piel
- 3/4 cucharaditas de pimienta blanca molida
- 3 tazas de leche
- 6 cucharadas de mantequilla, cantidad dividida
- 1 taza mitad y mitad
- 4 dientes de ajo, picados, divididos
- 3/4 taza de queso parmesano rallado
- 1 cucharada de condimento italiano
- 8 oz. queso Monterey Jack rallado
- 1 libra de pasta fetuccini
- 3 tomates Roma (ciruela), cortados en cubitos
- 1 cebolla, picada
- 1/2 taza de crema agria
- 1 paquete (8 oz) de champiñones rebanados
- 1/3 taza de harina para todo uso
- 1 cucharadas de sal

INSTRUCCIONES:
a) Revuelve el pollo después de cubrirlo con condimento italiano en 2 cucharadas de mantequilla con 2 trozos de ajo.
b) Saltee la carne hasta que esté completamente cocida y luego reserve todo.
c) Ahora hierve la pasta en agua y sal durante 9 minutos y luego retira todos los líquidos.
d) Al mismo tiempo sofreír la cebolla en 4 cucharadas de mantequilla junto con los champiñones y 2 ajos más.
e) Continúe friendo la mezcla hasta que las cebollas estén transparentes y luego combine la pimienta, la sal y la harina.
f) Revuelve y cocina la mezcla durante 4 minutos. Luego agregue gradualmente su mitad y media y la leche, mientras revuelve hasta que todo esté suave.
g) Combine el Monterey y el parmesano y deje que la mezcla se cocine hasta que el queso se derrita, luego agregue el pollo, la crema agria y los tomates.
h) Sirva la pasta cubierta generosamente con la mezcla de pollo y la salsa.

47.Pasta Crimini Horneada

Hace: 6

INGREDIENTES:
- 8 hongos crimini
- 1/3 taza de queso parmesano rallado
- 1 taza de florete de brócoli
- 3 cucharadas de hierbas provenzales
- 1 taza de espinacas, hojas frescas, bien empaquetadas
- 2 Cucharadas de aceite de oliva virgen extra
- 2 pimientos rojos, cortados en juliana
- 1 cucharadas de sal
- 1 cebolla grande, picada
- 1/2 cucharadas de pimienta
- 1 taza de queso mozzarella, rallado
- 1 taza de salsa de tomate
- 2/3 libra de pasta (fettuccine o penne funcionan bien)

INSTRUCCIONES:

a) Antes de hacer cualquier cosa, configure el horno a 450 F. Engrase una cacerola con aceite o aceite en aerosol.

b) Consiga un tazón grande para mezclar: mezcle los champiñones, el brócoli, las espinacas, el pimiento y la cebolla.

c) Agrega 1 cucharada de aceite de oliva, sal, pimienta y revuelve nuevamente.

d) Extiende las verduras en el plato engrasado y cocínalas en el horno durante 10 min.

e) Cocine la pasta hasta que esté al dente. Escurrir la pasta y reservar.

f) Consiga un tazón grande para mezclar: mezcle 1 cucharada de aceite de oliva con verduras al horno, pasta, hierbas y queso mozzarella. Vuelva a esparcir la mezcla en la cazuela.

g) Espolvorea el queso encima y cocínalo durante 20 min. Sírvelo caliente y disfrútalo.

48. Pasta con ajo y parmesano en una olla

INGREDIENTES:
- 2 cucharadas de mantequilla sin sal
- 4 dientes de ajo, finamente picados
- 2 tazas de caldo de pollo (470 ml)
- 1 taza de leche (235 ml)
- 8 oz de fetuccine (225 g)
- Sal al gusto
- Pimienta al gusto
- ¼ de taza de queso parmesano rallado (25 g)
- 2 cucharadas de perejil fresco, picado

INSTRUCCIONES:

a) En una sartén grande, caliente la mantequilla sin sal a fuego medio-alto. Agregue el ajo picado y cocine, revolviendo frecuentemente, hasta que esté fragante (aproximadamente 1-2 minutos).

b) Agrega el caldo de pollo, la leche y los fettuccine a la sartén. Condimentar con sal y pimienta.

c) Lleve la mezcla a ebullición, luego reduzca el fuego y déjela hervir a fuego lento, revolviendo ocasionalmente, hasta que la pasta esté bien cocida (aproximadamente 18 a 20 minutos).

d) Agrega el queso parmesano rallado. Si la mezcla queda demasiado espesa, ajuste la consistencia agregando más leche según sea necesario.

e) Servir inmediatamente y decorar con perejil recién picado.

f) ¡Disfruta de esta deliciosa y sencilla comida!

49. Fettuccine Alfredo con pollo y tocino en una olla

Rinde: 6 personas

INGREDIENTES:
- 8 tiras de tocino, picadas y sin grasa
- 2 pechugas de pollo grandes, cortadas en trozos de 1 pulgada
- 4 dientes de ajo, picados
- 2 cucharaditas de sal kosher
- 1 cucharadita de pimienta
- 6 1/2 tazas de leche (entera o al 2%); también puedes usar mitad y mitad
- 500 g (1 libra) de pasta fettuccine seca
- 1 cabeza grande de brócoli, cortada en floretes sin el tallo
- 1 taza de queso parmesano recién rallado

INSTRUCCIONES:

a) En una cacerola u olla grande, fríe el tocino a fuego medio-alto hasta que quede crujiente.

b) Agrega el pollo cortado en cubitos y saltea hasta que esté bien cocido. Incluya el ajo picado y cocine hasta que esté fragante (aproximadamente 2 minutos). Condimentar con sal y pimienta.

c) Vierta la leche, revuelva y cocine a fuego lento. Reduzca inmediatamente el fuego y agregue la pasta fettuccine.

d) Revuelve ocasionalmente durante 5 a 6 minutos o hasta que la pasta comience a ablandarse y doblarse. Agrega el brócoli, revuelve y cubre la olla con una tapa. Continúe cocinando, revolviendo ocasionalmente, hasta que la pasta esté cocida y alcance una textura al dente (aproximadamente otros 7 minutos).

e) Agregue el queso parmesano y mezcle hasta que se derrita en la salsa. Si la salsa se vuelve demasiado espesa, agregue más leche según sea necesario.

f) Sirva con pimienta extra y queso parmesano si lo desea.

g) Disfruta de una versión más saludable de este plato clásico con todo el sabor y menos complicaciones.

50. Fetuccini De Champiñones

Rinde: 8 porciones

INGREDIENTES:
- 1/2 taza de mantequilla Land O Lakes® (dividida)
- 2 dientes de ajo fresco picado (o una pizca de sal de ajo)
- 16 onzas de champiñones frescos rebanados
- 1 taza de crema para batir espesa
- 1 libra de fetuccine
- 1/2 taza de queso parmesano
- 1 taza de agua de pasta reservada
- 1 cucharadita de sal (ajustar al gusto)
- Pimienta negra recién molida
- Perejil fresco para cubrir

INSTRUCCIONES:

a) Empezamos limpiando los champiñones. En una sartén grande, derrita 2 cucharadas de mantequilla y agregue el ajo y los champiñones. Saltee hasta que los champiñones se ablanden y adquieran un color marrón intenso, lo que debería tomar aproximadamente de 10 a 15 minutos.

b) Agrega la nata y el resto de la mantequilla a la sartén. Déjalo hervir a fuego lento.

c) Mientras la salsa de champiñones hierve a fuego lento, cocina los fettuccine en una olla grande siguiendo las instrucciones del paquete. Una vez cocidos, escurrir los fettuccine, reservar una pequeña cantidad del agua de la pasta y devolverlos a la sartén.

d) Combine la salsa de champiñones con los fettuccine calientes en la sartén. Mezcle todo con unas pinzas. Agregue queso parmesano y hasta 1 taza de agua de pasta reservada según sea necesario para lograr la consistencia deseada. Sazone con sal y pimienta recién molida.

e) Ahora puedes pararte frente a la estufa y disfrutar de este delicioso plato directamente de la sartén. ¡Es así de bueno!

PASTA RIGATONI

51. Cazuela Romano Rigatoni

Hace: 6

INGREDIENTES:
- 1 libra de salchicha molida
- 1/4 taza de queso romano, rallado
- 1 lata (28 oz) de salsa de tomate estilo italiano
- perejil picado, para decorar
- 1 lata (14 1/2 oz) de frijoles cannellini, escurridos y enjuagados
- 1 CAJA (16 oz.) de pasta rigatoni
- 1/2 cucharaditas de ajo picado
- 1 cucharadita de condimento italiano
- 3 tazas de queso mozzarella rallado

INSTRUCCIONES:

a) Antes de hacer cualquier cosa, ajuste el horno a 350 F. Engrase una cacerola grande con un poco de mantequilla o aceite.

b) Coloca una olla grande a fuego medio. Agrega los ajos con las salchichas y cocínalos por 6 min.

c) Agrega la salsa de tomate, los frijoles y el condimento italiano y cocínalos durante 5 minutos a fuego lento.

d) Cocine la pasta según las instrucciones del fabricante. Escurre la pasta y colócala en la olla.

e) Vierta la mitad de la mezcla de pasta con salchicha en la cacerola engrasada y luego cúbrala con la mitad del queso mozzarella. Repite el proceso para hacer otra capa.

f) Cubra la cazuela con queso romano y luego ponga encima un trozo de papel de aluminio. Cuece la cazuela de rigatoni en el horno durante 26 min.

g) Sirve tus rigatoni calientes.

52. Albahaca Rigatoni Vegana

Hace: 6

INGREDIENTES:
- 1 1/2 paquetes (8 oz) de pasta rigatoni
- 6 hojas de albahaca fresca, en rodajas finas
- 2 cucharadas de aceite de oliva
- 6 ramitas de cilantro fresco, picado
- 2 dientes de ajo, picados
- 1/4 taza de aceite de oliva
- 1/2 paquete (16 oz) de tofu, escurrido y cortado en cubitos
- 1/2 cucharaditas de tomillo seco
- 1 1/2 cucharaditas de salsa de soja
- 1 cebolla pequeña, en rodajas finas
- 1 tomate grande, en cubos
- 1 zanahoria, rallada

INSTRUCCIONES:

a) Cocine la pasta según las instrucciones del paquete.

b) Coloca una sartén grande a fuego medio. Calienta 2 cucharadas de aceite de oliva en él. Agrega el ajo y cocínalo por 1 min 30 seg.

c) Agrega el tomillo con el tofu. Cocínalos por 9 min. Agrega la salsa de soja y apaga el fuego.

d) Consiga un tazón grande para mezclar: agregue el rigatoni, la mezcla de tofu, la cebolla, el tomate, la zanahoria, la albahaca y el cilantro. Rocíe el aceite de oliva sobre la ensalada de pasta y sírvala.

MACARRONES

53. Ensalada de pasta BLT

Hace: 6

INGREDIENTES:
- 2 tazas de macarrones con codo
- 1 ¼ tazas de mayonesa
- 2 cucharadas de vinagre balsámico
- 1 taza de tomates cherry partidos por la mitad
- ¼ de taza de pimiento rojo picado
- 3 cucharadas de cebolletas picadas
- ½ taza de queso cheddar rallado
- Sal y pimienta para probar
- ½ cucharaditas de eneldo
- 10 rebanadas de tocino
- 8 oz. lechuga romana picada

INSTRUCCIONES:

a) Cuece los macarrones en una olla con agua con sal durante 10 minutos. Escurrir y transferir a una ensaladera.

b) Agregue la mayonesa, el vinagre balsámico, los tomates, el pimiento morrón, las cebolletas, el queso, la sal, la pimienta y el eneldo a los macarrones y revuelva bien para combinar.

c) Enfriar durante 3 horas.

d) Fríe el tocino durante 10 minutos, hasta que esté crujiente.

e) Escurre el tocino y déjalo enfriar, luego desmenúzalo.

f) Cubra la ensalada con el tocino desmenuzado.

g) Sirva sobre lechuga romana.

54. Macarrones con queso de espinacas y alcachofas

Rinde: 6 A 8
INGREDIENTES:
- 6 cucharadas de mantequilla salada, a temperatura ambiente, y más para engrasar
- 1 caja (1 libra) de pasta corta, como macarrones
- 2 tazas de leche entera
- 1 paquete (8 onzas) de queso crema, en cubos
- 3 tazas de queso cheddar fuerte rallado
- Sal kosher y pimienta recién molida
- Pimienta de cayena molida
- 2 tazas de espinacas tiernas frescas, picadas
- 1 frasco (8 onzas) de alcachofas marinadas, escurridas y picadas en trozos grandes
- 1½ tazas de galletas Ritz trituradas (aproximadamente 1 manga)
- ¾ cucharadita de ajo en polvo

INSTRUCCIONES:

a) Precalienta el horno a 375°F. Engrase una fuente para hornear de 9 × 13 pulgadas.

b) En una cacerola grande, hierva 4 tazas de agua con sal a fuego alto. Agrega la pasta y cocina, revolviendo ocasionalmente, durante 8 minutos. Agregue la leche y el queso crema y cocine hasta que el queso crema se derrita y la pasta esté al dente, unos 5 minutos más.

c) Retire la sartén del fuego y agregue 2 tazas de queso cheddar y 3 cucharadas de mantequilla. Sazone con sal, pimienta y cayena. Agrega las espinacas y las alcachofas. Si la salsa se siente demasiado espesa, agregue ¼ de taza de leche o agua para diluirla.

d) Transfiera la mezcla a la fuente para hornear preparada. Cubra con la 1 taza restante de queso cheddar.

e) En un tazón mediano, mezcle las galletas saladas, las 3 cucharadas restantes de mantequilla y el ajo en polvo. Espolvoree las migas uniformemente sobre los macarrones con queso.

f) Hornee hasta que la salsa burbujee y las migajas estén doradas, aproximadamente 20 minutos. Dejar enfriar durante 5 minutos y servir. Guarde las sobras refrigeradas en un recipiente hermético hasta por 3 días.

55. Cazuela De Macarrones Con Chili

INGREDIENTES:
- 1 taza de macarrones con codo crudos
- 2 libras de carne molida magra (90% magra)
- 1 cebolla mediana, picada
- 2 dientes de ajo, picados
- 1 lata (28 onzas) de tomates cortados en cubitos, sin escurrir
- 1 lata (16 onzas) de frijoles rojos, enjuagados y escurridos
- 1 lata (6 onzas) de pasta de tomate
- 1 lata (4 onzas) de chiles verdes picados
- 1-1/4 cucharaditas de sal
- 1 cucharadita de chile en polvo
- 1/2 cucharadita de comino molido
- 1/2 cucharadita de pimienta
- 2 tazas de mezcla de queso mexicano bajo en grasa rallado
- Cebollas verdes en rodajas finas, opcional

INSTRUCCIONES:

a) Cocine los macarrones según las instrucciones del paquete. Mientras tanto, en una sartén antiadherente grande, cocine la carne, la cebolla y el ajo a fuego medio hasta que la carne ya no esté rosada, partiéndola en migajas; drenar. Agrega los tomates, los frijoles, la pasta de tomate, los chiles y los condimentos. Escurrir los macarrones; agregue a la mezcla de carne.

b) Transfiera a un 13x9 pulgadas. fuente para hornear cubierta con aceite en aerosol. Cubra y hornee a 375° hasta que burbujee, de 25 a 30 minutos. Descubrir; espolvorear con queso. Hornee hasta que el queso se derrita, de 5 a 8 minutos más. Si lo desea, cubra con cebollas verdes en rodajas.

PASTA ZITI

56. Ziti al horno

Hace: 10
INGREDIENTES:
- 1 libra de pasta ziti
- 1 cucharadas de aceite de oliva
- 1 libra de carne molida
- Sal y pimienta para probar
- ½ cucharaditas de sal de ajo
- ½ cucharaditas de ajo en polvo
- 1 cebolla picada
- 6 tazas de salsa de tomate
- ½ cucharaditas de orégano
- ½ cucharaditas de albahaca
- 1 tazas de queso ricota
- 1 huevo batido
- 1 taza. queso mozzarella rallado
- ¼ taza de queso pecorino rallado

INSTRUCCIONES:
a) Hervir el ziti en una olla con agua con sal durante 10 minutos. Drenar el agua.
b) Calienta el aceite de oliva en una olla.
c) Sazone la carne con sal, pimienta, sal de ajo y ajo en polvo.
d) Dorar la carne y la cebolla en la olla durante 5 minutos.
e) Vierta la salsa de tomate y sazone con orégano y albahaca.
f) Cocine a fuego lento durante 25 minutos.
g) Precalienta el horno a 350 grados.
h) Batir el huevo y el queso ricotta.
i) Espolvorea con el queso pecorino.
j) Transfiera la mitad de la pasta y la mitad de la salsa a una fuente para horno.
k) Agrega la mitad del queso ricotta.
l) Cubra con la mitad del queso mozzarella.
m) Crea otra capa de pasta, salsa y mozzarella.
n) Hornee por 25 minutos. Los quesos deben estar burbujeantes.

57. Provolone Ziti horneado

Ingredientes : _
- 1 cucharada de aceite de oliva
- 1 cebolla mediana, picada
- 3 dientes de ajo, picados
- 2 latas (28 onzas cada una) de tomates italianos triturados
- 1-1/2 tazas de agua
- 1/2 taza de vino tinto seco o caldo reducido en sodio
- 1 cucharada de azúcar
- 1 cucharadita de albahaca seca
- 1 paquete (16 onzas) de ziti o pasta en tubo pequeño
- 8 rebanadas de queso provolone

INSTRUCCIONES:

a) Precalienta el horno a 350°. En un recipiente de 6 cuartos. Olla sopera, caliente el aceite a fuego medio-alto. Agrega la cebolla; cocine y revuelva durante 2-3 minutos o hasta que estén tiernos. Agrega el ajo; cocine 1 minuto más. Agrega los tomates, el agua, el vino, el azúcar y la albahaca. Llevar a ebullición; Retírelo del calor. Agregue el ziti crudo.

b) Transfiera a un 13x9 pulgadas. fuente para hornear cubierta con aceite en aerosol. Hornee, tapado, 1 hora. Cubra con queso. Hornee, sin tapar, de 5 a 10 minutos más o hasta que el ziti esté tierno y el queso se derrita.

58. Cazuela De Ziti De Res

Rinde: 1 porción

INGREDIENTES:
- 8 onzas de macarrones Ziti crudos
- 1 lata (16 oz) de judías verdes cortadas, escurridas
- 1 lata (11 oz) de maíz Green Giant Niblets, escurrido
- 1 libra de carne molida
- 2 latas (10 3/4 oz cada una) de sopa de champiñones dorados condensada Campbell's
- 1 lata (14 1/2 oz) de tomates guisados Del Monte (estilo pasta con trozos o estilo italiano, según se prefiera)
- 1 cucharadita de hojas secas de albahaca trituradas
- ¼ cucharadita de pimienta
- ½ cucharadita de Ajo en Polvo
- 2 tazas de queso cheddar rallado

INSTRUCCIONES:

a)   Precalienta el horno a 400 grados.

b)   Cocine los macarrones Ziti según las instrucciones del paquete y luego escúrralos.

c)   Devuelva el Ziti cocido y las judías verdes y el maíz escurridos a la olla utilizada para el Ziti.

d)   En una sartén de 10 pulgadas a fuego medio, dore la carne molida, revolviendo para separarla; luego escurrir la grasa.

e)   Agregue la sopa de champiñones dorados, los tomates guisados, la albahaca seca, la pimienta y el ajo en polvo a la carne cocida. Calienta bien la mezcla.

f)   Agregue la mezcla de sopa a la mezcla de Ziti y verduras y mezcle bien.

g)   Vierta la mezcla en una fuente para hornear engrasada de 13 x 9 pulgadas.

h)   Cubre el plato con papel aluminio y hornea por 15 minutos.

i)   Destapa la cazuela, espolvorea con el queso rallado y hornea por 5 minutos más o hasta que el queso se derrita. ¡Disfrutar!

59. Ziti al horno

Rinde: 6 porciones
INGREDIENTES:
- 1 libra de Ziti cocido
- 1 libra de carne molida cocida
- 1 paquete (15 oz) de queso ricotta
- ¼ taza de perejil
- ½ taza de queso parmesano
- 1 huevo
- 2 tazas de queso mozzarella rallado
- 3 tazas de Salsa de tu elección

INSTRUCCIONES:
a) En un tazón, combine el queso ricotta, el huevo, el perejil y el queso parmesano.
b) Mezcla con cuidado la hamburguesa cocida con esta mezcla de queso.
c) Agregue el Ziti cocido a la mezcla y combine bien.
d) Agrega ¾ de la salsa de tu elección.
e) Extienda la mezcla en una fuente para horno.
f) Vierta la salsa restante encima.
g) Espolvorea el queso mozzarella rallado sobre la salsa.
h) Hornee a 350°F durante 30 a 35 minutos o hasta que burbujee y el queso se derrita y se dore ligeramente.
i) ¡Disfruta de tu delicioso Ziti al Horno!

60. Horneado De Salchicha Ziti

Rinde: 1 porción
INGREDIENTES:
- 8 onzas de Ziti, cocido según las instrucciones del paquete
- 4 piezas de salchicha italiana (picante o dulce, o una combinación de ambas)
- 1¾ tazas de Half y Half
- 1½ tazas de Queso Fontina Rallado
- ½ taza de Pimiento Verde Picado (opcional)
- Sal y pimienta para probar
- ¼ de taza de queso italiano rallado

INSTRUCCIONES:
a) Cocine el Ziti según las instrucciones del paquete y escúrralo.
b) Retire la salchicha de su tripa, desmenúcela y dórela en una sartén. Escurrir el exceso de grasa.
c) Agrega la salchicha dorada a la pasta cocida, junto con el pimiento cortado en cubitos (si lo usas), 1 taza de half and half, 1 taza de queso fontina y el queso italiano rallado. Mezclar todo junto.
d) Vierta la mezcla en una fuente para hornear untada con mantequilla de 13x9 pulgadas.
e) Cubre el plato y hornéalo a 350°F durante 20 minutos.
f) Destapa el plato y cúbrelo con la mitad y la mitad restantes y el queso Fontina.
g) Hornee por 10 minutos más o hasta que el queso se derrita y el plato burbujee.
h) Déjalo reposar 5 minutos antes de servir.
i) ¡Disfruta de tu salchicha horneada Ziti!

PASTA DE ESPAGUETI

61. Camarones Al Pesto Con Pasta

Hace: 4

INGREDIENTES:
- 8 oz. espaguetis
- 2 dientes de ajo picados
- Sal al gusto
- 1 cucharadas de aceite de oliva
- 8 oz. espárragos
- 1 taza de champiñones blancos rebanados
- ¾ libra de camarones pelados y desvenados
- ⅛ cucharaditas de pimiento rojo
- ¼ de taza de pesto – o prepara el tuyo propio
- 2 cucharadas de queso parmesano rallado

INSTRUCCIONES:
a) Coloca los espaguetis en una olla con agua hirviendo con sal y cocina por 10 minutos.
b) Escurre los espaguetis pero reserva un poco del agua de la pasta.
c) Calienta el aceite de oliva en una sartén.
d) Saltee los ajos, los espárragos y los champiñones durante 5 minutos o hasta que estén tiernos.
e) Agrega los camarones a la sartén y sazona con pimiento rojo.
f) Cocine por 5 minutos.
g) Si se necesita líquido, agregue unas cucharadas de agua de pasta.
h) Combina la salsa pesto y el queso parmesano.
i) Agrega el pesto a los camarones.
j) Cocine por 5 minutos
k) Sirva sobre los espaguetis.

62. Pasta De Atún

Hace: 4
INGREDIENTES:
- 2 cucharadas de aceite de oliva
- 1 lata (7 oz) de atún envasado en aceite, escurrido
- 1 filete de anchoa
- 1/4 taza de perejil fresco de hoja plana cortado en cubitos
- 2 cucharadas de alcaparras
- 1 paquete (12 oz) de espaguetis
- 3 dientes de ajo picados
- 1 Cucharadas de aceite de oliva virgen extra o al gusto
- 1/2 taza de vino blanco seco
- 1/4 taza de Parmigiano-Reggiano recién rallado
- 1/4 cucharaditas de orégano seco
- queso, o al gusto
- 1 pizca de hojuelas de pimiento rojo o al gusto
- 1 cucharada de perejil fresco de hoja plana cortado en cubitos o, al gusto, 3 tazas de tomates italianos (ciruela) triturados
- sal y pimienta negra molida al gusto
- 1 pizca de pimienta de cayena o al gusto

INSTRUCCIONES:
a) Saltee las alcaparras y las anchoas en aceite de oliva durante 4 minutos, luego combine con el ajo y continúe friendo la mezcla durante 2 minutos más.
b) Ahora agregue hojuelas de pimienta, vino blanco y naranja.
c) Revuelve la mezcla y sube el fuego.
d) Deje que la mezcla se cocine durante 5 minutos antes de agregar los tomates y llevar la mezcla a fuego lento.
e) Una vez que la mezcla esté hirviendo a fuego lento, agregue: cayena, pimienta negra y sal.
f) Pon el fuego a bajo y deja que todo se cocine durante 12 minutos.
g) Ahora comienza a hervir la pasta en agua y sal durante 10 minutos, luego retira todos los líquidos y deja la pasta en la sartén.
h) Combine los tomates hirviendo a fuego lento con la pasta y tape la olla. A fuego lento calentar todo durante 4 Minutos.
i) Cuando sirva la pasta, cubra con un poco de Parmigiano-Reggiano, perejil y aceite de oliva.

63. Espaguetis calientes soleados

Hace: 2

INGREDIENTES:
- 2 1/2 taza de espaguetis cocidos
- 1 cucharaditas de orégano
- 1/4 taza de aceite de oliva
- 1 cucharadita de ajo granulado o 2 cucharadas de ajo fresco
- 8 pimientos pepperoncini, finamente picados
- 1/2 taza de salsa para espaguetis

INSTRUCCIONES:
a) Coloca una sartén grande a fuego medio. Calienta el aceite que contiene. Agrega las hierbas con los pimientos y cocínalos por 4 minutos.
b) Agregue la salsa con los espaguetis cocidos y cocínelos durante 3 minutos.
c) Sirve tus espaguetis calientes de inmediato.
d) Disfrutar.

64. Espaguetis a la boloñesa al horno en sartén

Rinde: 6 porciones
INGREDIENTES:
- 12 onzas (340 g) de espaguetis
- 1 libra (450 g) de carne molida
- 1 cebolla mediana, finamente picada
- 2 dientes de ajo, picados
- Lata de 28 onzas de tomates triturados
- 2 cucharadas de pasta de tomate
- 1 cucharadita de orégano seco
- 1 cucharadita de albahaca seca
- ½ cucharadita de hojuelas de pimiento rojo
- Sal y pimienta negra, al gusto.
- ¼ de taza de vino tinto (opcional)
- Hojas de albahaca fresca para decorar.
- Aceite de oliva para engrasar

INSTRUCCIONES:

a) Precalienta tu horno a 375°F (190°C).

b) En una olla grande con agua hirviendo con sal, cocine los espaguetis según las instrucciones del paquete hasta que estén al dente. Escurrir y reservar.

c) En una sartén grande apta para horno, calienta un poco de aceite de oliva a fuego medio-alto. Agregue las cebollas picadas y cocine hasta que se vuelvan traslúcidas, aproximadamente 2-3 minutos.

d) Agregue la carne molida a la sartén y cocine, partiéndola con una cuchara, hasta que esté dorada y ya no esté rosada, aproximadamente de 5 a 7 minutos. Si sobra grasa, escurrirla.

e) Agregue el ajo picado y cocine por 1-2 minutos más hasta que esté fragante.

f) Agregue los tomates triturados, la pasta de tomate, el orégano seco, la albahaca seca, las hojuelas de pimiento rojo, la sal y la pimienta negra. Si usa vino tinto, viértalo en esta etapa. Revuelva bien para combinar todos los ingredientes y lleve la salsa a fuego lento.

g) Déjelo cocinar durante unos 10 minutos, permitiendo que los sabores se mezclen y la salsa se espese un poco.

h) Echa los espaguetis cocidos en la sartén, mezclándolos bien con la salsa boloñesa. Alejar del calor.

i) Transfiera la sartén al horno precalentado y hornee durante unos 20-25 minutos.

j) Una vez que la sartén esté fuera del horno, decórela con hojas de albahaca fresca y sirva.

65. Vieiras con Espaguetis

Hace: 4
INGREDIENTES:
- 8 oz. espaguetis
- ⅓ taza de vino blanco seco
- 3 cucharadas de mantequilla
- 1 libra de vieiras
- 4 dientes de ajo picados
- 1 pizca de hojuelas de pimiento rojo
- 1 taza de crema espesa
- Sal y pimienta para probar
- Jugo de medio limón
- ¼ taza de queso pecorino romano rallado

INSTRUCCIONES:
a) Cuece los espaguetis en una olla con agua con sal durante 10 minutos. Escurrir y reservar.
b) Calienta la mantequilla en una sartén grande.
c) Agrega las vieiras en una sola capa y dóralas durante 2 minutos a fuego medio.
d) Voltear las vieiras y dorar el otro lado por 1 minuto más.
e) Agregue el ajo, las hojuelas de pimiento rojo y el vino y cocine por 1 minuto. Asegúrese de no cocinar demasiado las vieiras.
f) Sazona con sal, pimienta y el jugo de medio limón.
g) Agrega los espaguetis a la sartén y combínalos con las vieiras.
h) Cocine a fuego lento durante 2 minutos y cubra con el queso rallado.

66.Espaguetis calientes soleados

Hace: 2
INGREDIENTES:
- 2 1/2 taza de espaguetis cocidos
- 1 cucharaditas de orégano
- 1/4 taza de aceite de oliva
- 2 cucharadas de ajo fresco
- 8 pimientos pepperoncini, finamente picados
- 1/2 taza de salsa para espaguetis

INSTRUCCIONES:

a) Coloca una sartén grande a fuego medio. Calienta el aceite que contiene. Agrega las hierbas con los pimientos y cocínalos por 4 min.

b) Agregue la salsa con los espaguetis cocidos y cocínelos durante 3 minutos.

c) Sirve tus espaguetis calientes de inmediato.

67. POLLO Tetrazzini

INGREDIENTES : _
- 8 onzas de espaguetis crudos
- 2 cucharaditas más 3 cucharadas de mantequilla, cantidad dividida
- 8 tiras de tocino, picadas
- 2 tazas de champiñones frescos rebanados
- 1 cebolla pequeña, picada
- 1 pimiento verde pequeño, picado
- 1/3 taza de harina para todo uso
- 1/4 cucharadita de sal
- 1/4 cucharadita de pimienta
- 3 tazas de caldo de pollo
- 3 tazas de pollo asado desmenuzado en trozos grandes
- 2 tazas de guisantes congelados (aproximadamente 8 onzas)
- 1 frasco (4 onzas) de pimientos cortados en cubitos, escurridos
- 1/2 taza de queso romano o parmesano rallado

INSTRUCCIONES:

a) Precalienta el horno a 375°. Cocine los espaguetis según las instrucciones del paquete para que queden al dente. Drenar; transfiera a un engrasado de 13x9 pulgadas. Plato de hornear. Agregue 2 cucharaditas de mantequilla y revuelva para cubrir.

b) Mientras tanto, en una sartén grande, cocine el tocino a fuego medio hasta que esté crujiente, revolviendo ocasionalmente. Retirar con una espumadera; escurrir sobre toallas de papel. Deseche la grasa y reserve 1 cucharada en la sartén. Agrega los champiñones, la cebolla y el pimiento verde a la grasa; cocine y revuelva a fuego medio-alto durante 5 a 7 minutos o hasta que estén tiernos. Retirar de la sartén.

c) En la misma sartén, caliente la mantequilla restante a fuego medio. Agrega la harina, la sal y la pimienta hasta que quede suave; agregue gradualmente el caldo. Llevar a ebullición, revolviendo ocasionalmente; cocine y revuelva de 3 a 5 minutos o hasta que espese un poco. Agrega el pollo, los guisantes, los pimientos y la mezcla de champiñones; Caliente bien, revolviendo ocasionalmente. Vierta sobre los espaguetis. Espolvorea con tocino y queso.

d) Hornee, sin tapar, de 25 a 30 minutos o hasta que estén dorados. Dejar reposar 10 minutos antes de servir.

68.Rigatoni al horno y albóndigas

INGREDIENTES : _
- 3½ taza de pasta rigatoni
- 1⅓ taza de mozzarella, rallada
- 3 cucharadas de parmesano, recién rallado
- 1 libra Pavo molido magro

INSTRUCCIONES:

a) Albóndigas: En un tazón, bata ligeramente el huevo; agregue la cebolla, las migas, el ajo, el parmesano, el orégano, la sal y la pimienta. Incorpora el pavo.

b) Forme bolitas con una cucharada colmada.

c) En una sartén grande, caliente el aceite a fuego medio-alto; cocine las albóndigas, en tandas si es necesario, durante 8 a 10 minutos o hasta que se doren por todos lados.

d) Agrega la cebolla, el ajo, los champiñones, el pimiento verde, la albahaca, el azúcar, el orégano, la sal, la pimienta y el agua a la sartén; cocine a fuego medio, revolviendo ocasionalmente, durante unos 10 minutos o hasta que las verduras se ablanden. Agrega los tomates y la pasta de tomate; Hervirlo. Agregar albóndigas

e) Mientras tanto, en una olla grande con agua hirviendo con sal, cocine los rigatoni . Transfiera a una fuente para hornear de 11x7 pulgadas o a una cacerola poco profunda para horno con capacidad para 8 tazas.

f) Espolvoree mozzarella y luego parmesano uniformemente por encima. Hornear

69. Sartén rápida para espaguetis

Hace: 4
INGREDIENTES:
- 1 libra de pavo molido
- 1/2 cucharaditas de hojuelas de pimiento rojo
- 2 dientes de ajo, picados
- 8 oz. espaguetis crudos, partidos en tercios
- 1 pimiento verde pequeño, picado
- queso parmesano
- 1 cebolla pequeña, picada
- 2 tazas de agua
- 1 frasco (28 oz.) de espagueti estilo tradicional
- salsa

INSTRUCCIONES:
a) Coloca una cacerola grande a fuego medio. Cocine en él el pavo con ajo, cebolla y pimiento verde durante 8 minutos.
b) Agrega el agua con hojuelas de pimiento picante, la salsa para espaguetis, una pizca de sal y pimienta.
c) Cocínalos hasta que empiecen a hervir. Agrega los espaguetis a la olla.
d) Déjelo hervir durante 14 a 16 minutos o hasta que la pasta esté cocida.
e) Consigue un tazón para mezclar:
f) Disfrutar.

70. Espaguetis Fáciles

Hace: 4

INGREDIENTES:
- 12 onzas. espaguetis
- 1 cucharadas de aceite de oliva
- 1 libra de carne molida
- 1 cebolla picada
- 3 dientes de ajo picados
- Sal y pimienta para probar
- 1 cucharaditas de azúcar
- ¼ cucharaditas de cúrcuma
- 2 cucharadas de pasta de tomate
- 2 tazas de salsa de tomate
- 1 cucharadita de condimento italiano

INSTRUCCIONES:

a) Prepara la pasta en una olla con agua hirviendo con sal durante 10 minutos. Escurrir y reservar.

b) Calienta el aceite de oliva en una sartén grande.

c) Saltear la cebolla y el ajo durante 5 minutos.

d) Agregue la carne molida, la sal, la pimienta y la cúrcuma y combine bien.

e) Agrega la pasta de tomate, la salsa de tomate y el condimento italiano.

f) Cocine a fuego lento durante 45 minutos.

g) Agrega los espaguetis y mezcla con la salsa.

71. Camarón Lo Mein

Hace: 2

INGREDIENTES:
- 8 oz. espaguetis
- ¼ taza de salsa de soja
- 3 cucharadas de salsa de ostras
- 1 cucharadas de miel
- ½ pulgada de jengibre rallado
- 1 cucharadas de aceite de oliva
- 1 pimiento rojo picado
- 1 cebolla pequeña en rodajas
- ½ taza de castañas de agua picadas
- ½ taza de champiñones cremini rebanados
- 3 dientes de ajo picados
- 1 libra de camarones frescos pelados y desvenados
- 2 huevos batidos

INSTRUCCIONES:

a) Cuece los espaguetis en una olla con agua con sal durante 10 minutos. Drenar el agua.

b) Combine la salsa de soja, la salsa de ostras, la miel y el jengibre en un bol.

c) Calienta el aceite de oliva en una sartén grande.

d) Saltear el pimiento morrón, la cebolla, las castañas de agua y los champiñones durante 5 minutos.

e) Agrega el ajo y los camarones y revuelve por 2 minutos más.

f) Mueve los ingredientes a un lado de la sartén y revuelve los huevos del otro lado durante 5 minutos.

g) Agrega los espaguetis y la salsa y combina todos los ingredientes durante 2 minutos.

72. POLLO Tetrazzini

Hace: 8

INGREDIENTES:
- 8 oz. espaguetis
- 1 cucharadas de aceite de oliva
- 4 pechugas de pollo desmenuzadas
- Sal y pimienta para probar
- 1 taza de champiñones frescos rebanados
- 1 pimiento rojo picado
- 1 cebolla picada
- 4 dientes de ajo picados
- ¼ taza de mantequilla
- 3 cucharadas de harina
- ½ cucharaditas de tomillo
- 1 taza de caldo de pollo
- 1 taza mitad y mitad
- ¼ taza de vino blanco
- ½ cucharaditas de sal de ajo
- ½ cucharaditas de orégano
- Pimienta al gusto
- ½ taza de mezcla de queso italiano rallado

INSTRUCCIONES:

a) Cuece los espaguetis en una olla con agua hirviendo con sal durante 10 minutos.

b) Calienta el aceite en una sartén grande.

c) Dore el pimiento morrón, los champiñones, la cebolla y el ajo en la sartén y saltee durante 5 minutos, hasta que las verduras estén suaves y el pollo ya no esté rosado.

d) Derrita la mantequilla en una sartén y agregue la harina.

e) Sigue revolviendo hasta que se cree una pasta.

f) Vierta lentamente el caldo, la mitad y la mitad y el vino mientras revuelve continuamente.

g) Sazone la salsa con pimienta, orégano y tomillo.

h) Agrega la mezcla de queso italiano y revuelve durante 5 minutos, hasta que el queso se derrita.

i) Agregue las verduras doradas y cocine a fuego lento durante 5 minutos.

73. Sartén De Pasta Y Salchicha

Hace: 4

INGREDIENTES:
- 1/2 libra de carne molida magra
- 2 costillas de apio, en rodajas
- 1/4 libra de salchicha italiana a granel
- 4 onzas. espaguetis crudos, partidos por la mitad
- 2 latas (8 oz) de salsa de tomate sin sal agregada
- 1/4 cucharaditas de orégano seco
- 1 lata (14 1/2 oz) de tomates guisados
- sal y pimienta
- 1 taza de agua
- 1 lata (4 oz) de tallos y trozos de champiñones,
- agotado

INSTRUCCIONES:

a) Coloca una sartén a fuego medio. Dorar en él la salchicha con ternera durante 8 minutos. Deseche la grasa.

b) Agrega el resto de los ingredientes. Cocínalos hasta que empiecen a hervir. Tapar y dejar cocinar de 15 a 17 minutos.

Sírvete la sartén para pasta caliente. Adorne con algunas hierbas picadas.

74. Pasta con pollo a la sartén

Rinde: 2 porciones
INGREDIENTES:
- ½ paquete (8 onzas) de espaguetis
- 2 cucharadas de aceite de oliva
- 8 tomates ciruela (en blanco), tomates roma (ciruela), cortados por la mitad y en rodajas • 1 cucharadita de ajo en polvo
- ½ cucharadita de orégano seco
- 2 cucharaditas de albahaca seca
- 1 pizca de sal
- 1 cucharadita de pimienta negra molida
- 1 ½ cucharaditas de azúcar blanca
- 1 cucharada de salsa de tomate
- 3 cucharadas de aceite de oliva
- 2 pechugas de pollo deshuesadas y sin piel, cortadas en tiras finas
- 2 dientes de ajo machacados
- 1 pimiento verde, picado
- 1 pimiento rojo, picado
- 1 cebolla morada, picada
- 1 taza de champiñones frescos rebanados
- ¼ taza de queso parmesano rallado

INSTRUCCIONES:

a) Hierva una olla grande con agua a fuego alto. Agregue los espaguetis y vuelva a hervir. Cocine la pasta hasta que esté bien cocida, pero aún esté firme al morderla, aproximadamente de 6 a 8 minutos. Escurrir bien y mantener caliente.

b) Calienta 2 cucharadas de aceite en una sartén grande a fuego medio. Agrega los tomates; cocine hasta que se ablanden y comiencen a descomponerse. Agrega el ajo en polvo, el orégano, la albahaca, la sal, la pimienta, el azúcar y el ketchup. Caliente la salsa y reserve.

c) Calienta las 3 cucharadas de aceite restantes en una sartén de hierro fundido aparte a fuego medio. Agrega el pollo; cocine hasta que se dore. Agrega los dientes de ajo machacados; cocine por 1 minuto adicional.

d) Retire el pollo de la sartén y reserve. Sube el fuego a alto. Agrega el pimiento verde, el pimiento rojo, la cebolla y los champiñones a la sartén y cocina hasta que comiencen a ablandarse. Agregue el pollo dorado. Encienda el fuego a medio y cocine hasta que el pollo ya no esté rosado en el centro y las verduras estén bien cocidas, aproximadamente 5 minutos.

e) Mezcla el pollo y las verduras con la salsa de tomate y la pasta caliente.

f) Sirva espolvoreado con queso parmesano.

75. Pasta alla Norma Sartén Horneada

Rinde: 4-6 porciones
INGREDIENTES:
- 12 onzas (340 g) de espagueti
- 2 berenjenas medianas, cortadas en rodajas de ¼ de pulgada
- 3 cucharadas de aceite de oliva
- 1 cebolla pequeña, finamente picada
- 2 dientes de ajo, picados
- Lata de 28 onzas de tomates triturados
- 1 cucharada de vinagre de vino tinto (opcional)
- 1 cucharadita de orégano seco
- ½ cucharadita de hojuelas de pimiento rojo (ajustar al gusto)
- Sal y pimienta negra, al gusto.
- ¼ de taza de hojas de albahaca fresca, cortadas en trozos
- 1 ½ tazas de queso mozzarella rallado
- ½ taza de queso parmesano o pecorino rallado
- Aceite de oliva para engrasar

INSTRUCCIONES:

a) Precalienta tu horno a 375°F (190°C).

b) Cocine la pasta según las instrucciones del paquete hasta que esté al dente. Escurrir y reservar.

c) Mientras se cocina la pasta, precalienta una parrilla o sartén para grill.

d) Unte las rodajas de berenjena con aceite de oliva y áselas durante unos 3-4 minutos por lado hasta que tengan marcas de parrilla y se ablanden. Déjalos a un lado.

e) En una sartén grande apta para horno, calienta un poco de aceite de oliva a fuego medio-alto. Agrega la cebolla picada y cocina hasta que se vuelva transparente, aproximadamente 2-3 minutos.

f) Agregue el ajo picado y cocine por 1-2 minutos más hasta que esté fragante.

g) Agrega los tomates triturados, el vinagre de vino tinto, el orégano seco, las hojuelas de pimiento rojo, la sal y la pimienta negra. Deje que la salsa hierva a fuego lento durante unos 10 minutos para que espese y adquiera sabor.

h) Echa la pasta cocida a la sartén con la salsa y mezcla bien.

i) Coloque las rodajas de berenjena asada sobre la mezcla de pasta y salsa.

j) Espolvorea una capa de queso mozzarella rallado sobre la berenjena y la pasta.

k) Transfiera la sartén al horno precalentado y hornee durante unos 20-25 minutos, o hasta que el queso burbujee y esté ligeramente dorado.

l) Una vez que la sartén esté fuera del horno, decórela con hojas frescas de albahaca y queso parmesano o queso pecorino.

m) Sirva caliente, directamente de la sartén.

76. Ziti y Espaguetis con Salchicha

Hace: 8

INGREDIENTES:
- 1 libra de salchicha italiana desmenuzada
- 1 taza de champiñones rebanados
- ½ taza de apio cortado en cubitos
- 1 cebolla picada
- 3 dientes de ajo picados
- 42 onzas salsa para espaguetis comprada en la tienda o casera
- Sal y pimienta para probar
- ½ cucharadita de orégano
- ½ cucharadita de albahaca
- 1 libra de pasta ziti cruda
- 1 taza de queso mozzarella rallado
- ½ taza de queso parmesano rallado
- 3 cucharadas de perejil picado

INSTRUCCIONES:

a) En una sartén, dore la salchicha, los champiñones, la cebolla y el apio durante 5 minutos.

b) Después de eso, agrega el ajo. Cocine por otros 3 minutos. Quitar de la ecuación.

c) Agrega la salsa para espaguetis, la sal, la pimienta, el orégano y la albahaca en una sartén aparte.

d) Cocine la salsa a fuego lento durante 15 minutos.

e) Prepare la pasta en una sartén según las instrucciones del paquete mientras se cocina la salsa. Drenar.

f) Precalienta el horno a 350 grados Fahrenheit.

g) En una fuente para horno, coloque el ziti, la mezcla de salchichas y la mozzarella rallada en dos capas.

h) Espolvoree perejil y queso parmesano por encima.

i) Precalienta el horno a 350°F y hornea por 25 minutos.

PASTA BUCATINI

77. Bucatini en una sartén con puerros y limón

Hace: 4

INGREDIENTES:
- 1 a 1 1/2 libras de puerros
- 12 onzas de bucatini (ver notas arriba)
- 4 dientes de ajo, en rodajas finas
- 1/4 a 1/2 cucharaditas de hojuelas de pimiento rojo
- 2 cucharadas de aceite de oliva virgen extra
- Sal kosher
- Pimienta negra recién molida
- 4 1/2 tazas de agua
- Ralladura de un limón
- 1/2 taza de perejil finamente picado
- Parmigiano Reggiano, para servir (opcional)

INSTRUCCIONES:

a) Comience recortando el extremo de la raíz y las porciones de color verde oscuro de cada puerro. Córtelos por la mitad a lo largo. Para cortar el puerro en tiras largas y delgadas, siga este método: coloque cada mitad con el lado cortado hacia arriba, luego córtelo por la mitad nuevamente y repita el proceso una vez más; esencialmente, está dividiendo el puerro en octavos. La mayoría de las tiras deben quedar bonitas y delgadas, pero es posible que tengas que volver a cortar las capas más externas por la mitad si es necesario. Si los puerros están sucios, remójalos en un recipiente con agua fría para que la suciedad se asiente. Una vez que estén limpios, saca los puerros del bol.

b) Combine los puerros, la pasta, el ajo, 1/4 de cucharadita de hojuelas de pimiento rojo (ajústelo a su nivel preferido de picante), aceite, 2 cucharaditas de sal kosher, pimienta negra recién molida y agua en una sartén grande de lados rectos. asegurándose de que el bucatini quede casi plano en la sartén.

c) Lleva la mezcla a ebullición a fuego alto. Cocine a fuego lento la mezcla, revolviendo y volteando la pasta con frecuencia con unas pinzas o un tenedor hasta que la pasta alcance una consistencia al dente y el agua casi se haya evaporado, lo que suele tardar unos 9 minutos.

d) Agregue la ralladura de limón y el perejil y revuelva para cubrir.

e) Sazone el plato al gusto con sal (es posible que necesite agregar otra 1/2 cucharadita de sal kosher y más para su gusto preferido), pimienta y más hojuelas de pimiento rojo si desea picante adicional. Sirva con parmesano, si lo desea.

78. Pasta burrata con tomate

Rinde: 2-4
INGREDIENTES:
- ½ libra de pasta bucatini o espagueti
- 3 tazas de tomates
- 6 dientes de ajo, picados
- ¼ taza de aceite de oliva
- ½ cucharadita de albahaca seca
- ¼ cucharadita de hojuelas de chile trituradas
- 8 onzas de queso burrata
- Sal y pimienta para probar

ADORNAR
- 1 manojo de albahaca fresca, finamente picada
- ¼ cucharadita de hojuelas de chile trituradas
- 4 cucharadas de piñones tostados

INSTRUCCIONES

a) En una sartén grande a fuego moderado, calienta el aceite de oliva.

b) Agregue el ajo y cocine de 1 a 2 minutos antes de agregar la albahaca seca y las hojuelas de chile.

c) Añade los tomates y revuélvelos en el aceite con una pizca generosa de sal y pimienta.

d) Cocine los tomates durante veinte a veinticinco minutos.

e) Cuece la pasta en agua hirviendo con sal.

f) Cuando la pasta termine de cocinarse, escúrrela e inmediatamente agrégala a la sartén.

g) Dale a la mezcla unas cuantas sacudidas más para cubrir la pasta por completo.

h) Retire la sartén del fuego y agregue la albahaca fresca.

i) Incluye tanto queso burrata como quieras, en trozos.

j) Cubra con albahaca fresca picada y hojuelas de chile.

k) Esparce los piñones por encima antes de servir.

79. Pasta al limón y albahaca con coles de Bruselas

Hace: 8

INGREDIENTES:
- 1 caja (1 libra) de pasta de corte largo, como bucatini o fettuccine
- 4 onzas de prosciutto en rodajas finas, desmenuzado
- 3 cucharadas de aceite de oliva virgen extra
- 1 libra de coles de Bruselas, cortadas por la mitad o en cuartos si son grandes
- Sal kosher y pimienta recién molida
- 2 cucharadas de vinagre balsámico
- 1 chile jalapeño, sin semillas y picado
- 1 cucharada de hojas frescas de tomillo
- 1 taza de pesto de limón y albahaca
- 4 onzas de queso de cabra, desmenuzado
- ⅓ taza de queso manchego rallado
- Ralladura y jugo de 1 limón

INSTRUCCIONES:

a) Precalienta el horno a 375°F.

b) Hierva una olla grande de agua con sal a fuego alto. Agrega la pasta y cocina según las instrucciones del paquete hasta que esté al dente. Reserve 1 taza de agua de cocción de la pasta y luego escúrrala.

c) Mientras tanto, coloque el prosciutto en una capa uniforme sobre una bandeja para hornear forrada con papel pergamino. Hornee hasta que esté crujiente, de 8 a 10 minutos.

d) Mientras se cocina la pasta y se hornea el prosciutto, calienta el aceite de oliva en una sartén grande a fuego medio. Cuando el aceite brille, agregue las coles de Bruselas y cocine, revolviendo ocasionalmente, hasta que estén doradas, de 8 a 10 minutos. Condimentar con sal y pimienta. Reduzca el fuego a medio-bajo y agregue el vinagre, el jalapeño y el tomillo y cocine hasta que los brotes estén glaseados, de 1 a 2 minutos más.

e) Retira la sartén del fuego y agrega la pasta escurrida, el pesto, el queso de cabra, el manchego, la ralladura de limón y el jugo de limón. Agregue aproximadamente ¼ de taza del agua de cocción de la pasta y revuelva para crear una salsa.

f) Agregue 1 cucharada más a la vez hasta alcanzar la consistencia deseada. Pruebe y agregue más sal y pimienta según sea necesario.

g) Divida la pasta en partes iguales entre ocho tazones o platos y cubra cada uno con prosciutto crujiente.

80. Bucatini de maíz con crema en una olla

Hace: 6

INGREDIENTES:
- 4 cucharadas de mantequilla salada
- 4 mazorcas de maíz amarillo, en granos cortados de la mazorca
- 2 dientes de ajo, picados o rallados
- 2 cucharadas de hojas frescas de tomillo
- 1 jalapeño o pimiento rojo de Fresno, sin semillas y en rodajas finas
- 2 cebollas verdes, picadas
- Sal kosher y pimienta recién molida
- 1 bucatini (caja de 1 libra)
- ½ taza de queso parmesano rallado
- 2 cucharadas de crema fresca
- ¼ de taza de hojas de albahaca fresca, cortadas en trozos grandes

INSTRUCCIONES:

a) Derrita la mantequilla en una olla grande a fuego medio. Agrega el maíz, el ajo, el tomillo, el jalapeño, las cebolletas y una pizca de sal y pimienta. Cocine, revolviendo ocasionalmente, hasta que el maíz esté dorado y caramelizado en los bordes, aproximadamente 5 minutos.

b) Agrega 4½ tazas de agua, aumenta el fuego a alto y deja que hierva. Agrega la pasta y sazona con sal. Cocine, revolviendo con frecuencia, hasta que se haya absorbido la mayor parte del líquido y la pasta esté al dente, aproximadamente 10 minutos.

c) Retire la olla del fuego y agregue el parmesano, la crema fresca y la albahaca. Si la salsa se siente demasiado espesa, agrega un chorrito de agua para diluirla. Servir inmediatamente.

ORZO

81. Orzo parmesano

Hace: 6
INGREDIENTES:
- 1/2 taza de mantequilla, dividida
- ajo en polvo al gusto
- 8 cebollas perla
- sal y pimienta para probar
- 1 taza de pasta orzo cruda
- 1/2 taza de queso parmesano rallado
- 1/2 taza de champiñones frescos rebanados
- 1/4 taza de perejil fresco
- 1 taza de agua
- 1/2 taza de vino blanco

INSTRUCCIONES:
a) Sofríe las cebollas en la mitad de la mantequilla hasta que se doren y luego agrega el resto de la mantequilla, los champiñones y el orzo.
b) Continuar friendo todo durante 7 minutos.
c) Ahora combine el vino y el agua y deje que todo hierva.
d) Una vez que la mezcla esté hirviendo, baje el fuego y cocine todo durante 9 minutos después de agregar la pimienta, la sal y el ajo en polvo.
e) Una vez que el orzo esté listo, cúbralo con perejil y parmesano.

82. Ensalada de menta, queso feta y orzo

Hace: 8
INGREDIENTES:
- 1 1/4 taza de pasta orzo
- 1 cebolla morada pequeña, picada
- 6 cucharadas de aceite de oliva, cantidad dividida
- 1/2 taza de hojas de menta fresca finamente picadas
- 3/4 taza de lentejas marrones secas, enjuagadas
- 1/2 taza de eneldo fresco picado
- sal y pimienta para probar
- 1/3 taza de vinagre de vino tinto
- 3 dientes de ajo, picados
- 1/2 taza de aceitunas Kalamata, deshuesadas y picadas
- 1 1/2 taza de queso feta desmenuzado

INSTRUCCIONES:

a) Cocine la pasta según las instrucciones del paquete.

b) Ponga a hervir agua en una cacerola grande con sal. Cocine en él las lentejas hasta que empiece a hervir.

c) Baja el fuego y ponlo sobre la tapa. Cuece las lentejas durante 22 min. Sácalos del agua.

d) Consigue un tazón pequeño para mezclar: combina en él el aceite de oliva, el vinagre y el ajo. Bátelos bien para hacer el aderezo.

e) Consiga un tazón grande para mezclar: mezcle las lentejas, el aderezo, las aceitunas, el queso feta, la cebolla morada, la menta y el eneldo, con sal y pimienta.

f) Envolver la ensaladera con un film transparente y meterla en el frigorífico durante 2 h 30 min. Rectifica la sazón de la ensalada y sírvela.

83. Orzo de tomate en una olla

Hace: 4

INGREDIENTES:
- 1 cucharada de aceite de oliva o de colza
- 1 cebolla morada, finamente picada
- 2 dientes de ajo, finamente rallados
- 1 chile, sin semillas y finamente picado
- 600 g de tomates picados
- 400 g de oro
- 800 ml de caldo de verduras
- Un puñado de perejil, picado en trozos grandes
- Parmesano rallado o una alternativa vegetariana para servir (opcional)

INSTRUCCIONES:

a) Calienta el aceite en una cacerola o sartén grande a fuego medio.

b) Saltee la cebolla morada picada durante 4-6 minutos hasta que esté blanda pero no dorada.

c) Agregue el ajo rallado y el chile picado y cocine por un minuto más para que se ablanden.

d) Agrega los tomates picados y cocina durante 5 minutos hasta que empiecen a descomponerse.

e) Agrega el orzo y vierte el caldo de verduras.

f) Cocine durante 8-10 minutos hasta que el líquido se reduzca y el orzo esté tierno. Si empieza a secarse, puedes añadir unas cucharadas de agua.

g) Espolvoree tres cuartos del perejil picado y revuelva.

h) Sirva en tazones, cubierto con el perejil restante y una ralladura de parmesano si lo desea. ¡Disfruta de tu orzo de tomate en una sola olla!

84. Sartén De Pollo Orzo

Rinde: 4 porciones

INGREDIENTES:
- 2 cucharadas de aceite vegetal
- 1 libra de mitades de pechuga de pollo deshuesadas y sin piel, cortadas en trozos de 1/2 pulgada
- 1 taza de Orzo (pasta con forma de arroz)
- 2 cucharaditas de ajo picado
- 2 tazas de agua
- 3 latas de tomates guisados (14 1/2 oz cada uno), sin escurrir
- 16 onzas de frijoles cannellini enlatados, enjuagados y escurridos, O frijoles Great Northern, enjuagados y escurridos
- 1 cucharadita de tomillo seco
- 1 cucharadita de sal
- 1/2 cucharadita de pimienta negra
- 16 onzas de floretes de brócoli congelados, descongelados

INSTRUCCIONES:
a) En una sartén grande, calienta el aceite vegetal a fuego medio.
b) Agrega el pollo y dóralo durante 4-6 minutos.
c) Agrega el orzo y el ajo picado y saltea durante 5 a 7 minutos, o hasta que el orzo comience a dorarse.
d) Agregue el agua, los tomates guisados, los frijoles, el tomillo seco, la sal y la pimienta negra.
e) Tape y cocine por 15 minutos, revolviendo ocasionalmente.
f) Agregue el brócoli, cubra nuevamente y cocine por 5 a 10 minutos más, o hasta que el brócoli y el orzo estén tiernos y el pollo ya no esté rosado.
g) ¡Disfruta de tu sartén de pollo orzo!

85. Cazuela De Orzo Y Portobello

Rinde: 6 porciones

INGREDIENTES:
- 1/4 taza de tomates secados al sol picados
- 1/4 taza de agua hirviendo
- 1 cucharada de aceite de oliva
- 2 tazas de puerros, rebanados
- 2 tazas de champiñones portobello, cortados en cubitos
- 1 taza de champiñones frescos, cortados en cuartos
- 2 dientes de ajo
- 2 tazas de orzo, cocido
- 2 tazas de bulbos de hinojo, rebanados
- 2 tazas de jugo de tomate
- 2 cucharadas de hojas de albahaca fresca, picadas
- 2 cucharadas de vinagre balsámico
- 1 cucharadita de pimentón
- 1/8 cucharadita de pimienta
- Aerosol para cocinar vegetales
- 4 onzas de queso provolone, rallado
- 1/4 taza de queso parmesano rallado

INSTRUCCIONES:

a) Combine los tomates secados al sol y el agua hirviendo en un tazón pequeño. Tapar y dejar reposar unos 10 minutos, o hasta que los tomates se ablanden. Drenar.

b) Calienta el aceite de oliva en una sartén antiadherente grande a fuego medio. Agrega los tomates, los puerros, los champiñones y el ajo y saltea durante 2 minutos.

c) Combine la mezcla de champiñones, el orzo cocido y los siguientes 6 ingredientes (orzo y pimienta) en un tazón grande. Dejar de lado.

d) Vierta la mezcla en una fuente para hornear de 13 x 9 pulgadas que haya sido cubierta con aceite en aerosol.

e) Hornee, descubierto, a 400 grados durante 25 minutos.

f) Espolvorea los quesos provolone y parmesano sobre la cazuela y hornea por 5 minutos más.

g) ¡Disfruta de tu Cazuela de Orzo y Portobello!

86. Orzo en una sartén con espinacas y queso feta

Rinde: 4 porciones

INGREDIENTES:
- 2 cucharadas de mantequilla sin sal
- 4 cebollines grandes, recortados y en rodajas finas
- 2 dientes de ajo grandes, picados
- 8 onzas de hojas tiernas de espinaca (8 tazas), picadas en trozos grandes
- 1 cucharadita de sal kosher
- 1 3/4 tazas de caldo de pollo o de verduras bajo en sodio
- 1 taza de orzo
- 1 cucharadita de ralladura de limón finamente rallada (de 1 limón)
- 3/4 taza de queso feta desmenuzado (3 onzas), y más para decorar
- 1/2 taza de guisantes congelados, descongelados (opcional)
- 1 taza de eneldo fresco picado o use perejil o cilantro

INSTRUCCIONES:
a) Calienta una sartén de 10 pulgadas a fuego medio, luego derrite la mantequilla, lo que debería tomar entre 30 segundos y 1 minuto.
b) Agregue aproximadamente tres cuartas partes de las cebolletas, reserve algunas de las partes verdes para decorar y agregue el ajo picado. Cocine hasta que se ablanden, revolviendo con frecuencia, durante unos 3 minutos.
c) Agregue las espinacas tiernas, agregándolas en tandas si no caben todas en la sartén a la vez, y agregue 1/2 cucharadita de sal. Continúe cocinando, revolviendo ocasionalmente, hasta que las espinacas se ablanden, aproximadamente 5 minutos.
d) Agregue el caldo y déjelo hervir a fuego lento. Agrega el orzo, la ralladura de limón y la 1/2 cucharadita de sal restante. Tape y cocine a fuego medio-bajo hasta que el orzo esté casi cocido y se absorba la mayor parte del líquido, lo que debería tomar de 10 a 14 minutos, revolviendo una o dos veces.
e) Agregue el queso feta desmenuzado y los guisantes, si lo desea. Agrega el eneldo picado, luego tapa la sartén y cocina por 1 minuto más para terminar de cocinar y calentar los guisantes.
f) Para servir, espolvorea con más queso y las cebolletas reservadas.
g) ¡Disfruta de tu One-Pan Orzo con espinacas y queso feta!

FARFALLE/PAJARITA

87. Pasta Rústica

Hace: 4

INGREDIENTES:
- 1 libra de pasta farfalle (pajarita)
- 1 paquete (8 oz) de champiñones, rebanados
- 1/3 taza de aceite de oliva
- 1 cucharadas de orégano seco
- 1 diente de ajo, picado
- 1 cucharadas de pimentón
- 1/4 taza de mantequilla
- sal y pimienta para probar
- 2 calabacines pequeños, cortados en cuartos y en rodajas
- 1 cebolla, picada
- 1 tomate, picado

INSTRUCCIONES:

a)   Hervir la pasta durante 10 minutos en agua y sal. Retire el exceso de líquido y reserve.

b)   Freír la sal, la pimienta, el ajo, el pimentón, el calabacín, el orégano, los champiñones, la cebolla y el tomate durante 17 minutos en aceite de oliva.

c)   Mezclar las verduras y la pasta.

88. Pasta con crema fresca y pollo

Hace: 4

INGREDIENTES:
- 1 cucharadas de aceite de oliva
- 6 filetes de pollo
- ¼ taza de vino blanco
- ¼ taza de caldo de pollo
- Sal y pimienta para probar
- 8 oz. pasta de pajarita
- 2 cucharadas de chalotas picadas
- 3 dientes de ajo picados
- 1 taza de champiñones rebanados
- 2 tazas de crema fresca
- 1/3 taza de queso parmesano rallado
- 2 Cucharadas de perejil picado

INSTRUCCIONES:
a) Calienta el aceite en una sartén grande.
b) Dorar el pollo durante 5 minutos.
c) Vierta el vino y el caldo y sazone con sal y pimienta.
d) Cocine a fuego lento durante 20 minutos.
e) Mientras el pollo hierve a fuego lento, cuece la pasta en una olla con agua con sal durante 10 minutos y escurre. Dejar de lado.
f) Use una pinza para transferir el pollo a un plato y cortarlo en cubos.
g) Agrega la cebolla, el ajo y los champiñones a la sartén y saltea durante 5 minutos.
h) Regrese el pollo cortado en cubitos a la sartén y agregue la crema fresca.
i) Cocine a fuego lento durante 5 minutos.
j) Coloque la pasta en un recipiente para servir y vierta la salsa sobre la pasta.
k) Cubra con queso parmesano y perejil picado.

89. Tiras De Pollo Y Ensalada Farfalle

Hace: 6
INGREDIENTES:
- 6 huevos
- 3 cebollas verdes, en rodajas finas
- 1 paquete (16 oz.) de pasta farfalle (pajarita)
- 1/2 cebolla morada, picada
- 1/2 botella (16 oz) de ensalada estilo italiano
- 6 tiras de pollo

Vendaje
- 1 pepino, rebanado
- 4 corazones de lechuga romana, en rodajas finas
- 1 manojo de rábanos, recortados y rebanados
- 2 zanahorias, peladas y cortadas en rodajas

INSTRUCCIONES:
a) Coloca los huevos en una cacerola grande y cúbrelos con agua. Cuece los huevos a fuego medio hasta que empiecen a hervir.
b) Apagar el fuego y dejar reposar los huevos durante 16 min. Enjuague los huevos con un poco de agua fría para que pierdan calor.
c) Pelar los huevos, cortarlos en rodajas y reservarlos.
d) Coloque los filetes de pollo en una cacerola grande. Cúbrelos con 1/4 taza de agua. Cocínalos a fuego medio hasta que el pollo esté cocido.
e) Escurre los filetes de pollo y córtalos en trozos pequeños.
f) Consiga un tazón grande para mezclar: mezcle la pasta, el pollo, los huevos, el pepino, los rábanos, las zanahorias, las cebollas verdes y la cebolla morada. Agrega el aderezo italiano y vuelve a mezclar.
g) Coloca la ensalada en el frigorífico durante 1 h 15 min.
h) Coloque los corazones de lechuga en platos para servir. Divide la ensalada entre ellos.

90. Ensalada De Macarrones Y Mariscos

Hace: 12

INGREDIENTES:
- 16 onzas. pasta farfalle
- 3 huevos duros picados
- 2 palitos de apio picados
- 6 onzas de camarones pequeños cocidos
- ½ taza de carne de cangrejo real
- Sal y pimienta para probar

Vendaje:
- 1 taza de mayonesa
- ½ cucharaditas de pimentón
- 2 cucharaditas de jugo de limón

INSTRUCCIONES:

a) Cuece la pasta en una olla con agua hirviendo con sal durante 10 minutos. Drenar.

b) Transfiera la pasta a un tazón grande y agregue los ingredientes restantes de la ensalada .

c) Combine los ingredientes del aderezo y mezcle con la ensalada.

d) Cubra y refrigere por 1 hora.

91. Pasta horneada con nueces y acelgas

Ingredientes : _
- 3 tazas de pasta de moño cruda
- 2 tazas de queso ricotta sin grasa
- 4 huevos grandes
- 3 tazas de calabaza congelada en cubos, descongelada y dividida
- 1 cucharadita de tomillo seco
- 1/2 cucharadita de sal, dividida
- 1/4 cucharadita de nuez moscada molida
- 1 taza de chalotes picados en trozos grandes
- 1-1/2 tazas de acelgas picadas, sin tallos
- 2 cucharadas de aceite de oliva
- 1-1/2 tazas de pan rallado panko
- 1/3 taza de perejil fresco picado en trozos grandes
- 1/4 cucharadita de ajo en polvo

INSTRUCCIONES:

a) Precalienta el horno a 375°. Cocine la pasta según las instrucciones del paquete para que quede al dente; drenar. Mientras tanto, coloque la ricota, los huevos, 1-1/2 tazas de calabaza, el tomillo, 1/4 de cucharadita de sal y la nuez moscada en un procesador de alimentos; procese hasta que quede suave. Vierta en un tazón grande.

b) Agregue la pasta, las chalotas, las acelgas y el resto de la calabaza. Transfiera a un recipiente engrasado de 13x9 pulgadas. Plato de hornear.

c) En una sartén grande, caliente el aceite a fuego medio-alto. Agrega el pan rallado; cocine y revuelva hasta que se doren, 2-3 minutos. Agregue el perejil, el ajo en polvo y el 1/4 de cucharadita de sal restante. Espolvorea sobre la mezcla de pasta.

d) Hornee, sin tapar, hasta que cuaje y la cobertura esté dorada, de 30 a 35 minutos.

LASAÑA

92. Lasaña Española

Hace: 12
INGREDIENTES:
- 4 tazas de tomates picados enlatados
- 1 recipiente (32 oz) de queso ricotta
- 1 lata (7 oz) de chiles verdes en cubitos
- 4 huevos, ligeramente batidos
- 1 lata (4 oz) de chiles jalapeños en cubitos
- 1 paquete (16 oz) de mezcla de cuatro quesos rallados estilo mexicano
- 1 cebolla, picada
- 3 dientes de ajo, picados
- 1 paquete (8 oz) de pasta para lasaña sin cocinar
- 10 ramitas de cilantro fresco, picado
- 2 cucharadas de comino molido
- 2 libras. choricero

INSTRUCCIONES:
a) Hierva lo siguiente durante 2 minutos, luego cocine a fuego lento durante 55 minutos: cilantro, tomates, comino, chiles verdes, ajo, cebolla y jalapeños.
b) Coge un bol, mezcla los huevos batidos y la ricota.
c) Configure su horno a 350 grados antes de continuar.
d) Sofríe tus chorizos. Luego retira el exceso de aceite y desmenuza la carne.
e) En su fuente para hornear, aplique una capa ligera de salsa y luego coloque capas: salchicha, 1/2 de su salsa, 1/2 queso rallado, pasta para lasaña, ricotta, más pasta, toda la salsa restante y más queso rallado.
f) Cubra un poco de papel de aluminio con spray antiadherente y cubra la lasaña. Cocine por 30 minutos tapado y 15 minutos sin tapar.

93. Lasaña de calabaza y salvia con fontina

Rinde: 8 A 10
INGREDIENTES:
- 2 cucharaditas de aceite de oliva virgen extra y más para engrasar
- 1 lata (14 onzas) de puré de calabaza
- 2 tazas de leche entera
- 2 cucharaditas de orégano seco
- 2 cucharaditas de albahaca seca
- ¼ de cucharadita de nuez moscada recién rallada
- ¼ cucharadita de hojuelas de pimiento rojo triturado
- Sal kosher y pimienta recién molida
- 16 onzas de queso ricotta con leche entera
- 2 dientes de ajo rallados
- 1 cucharada de hojas de salvia fresca picadas, más 8 hojas enteras
- 2 cucharadas de perejil fresco picado
- 1 caja (12 onzas) de pasta para lasaña sin hervir
- 1 frasco (12 onzas) de pimientos rojos asados, escurridos y picados
- 3 tazas de queso fontina rallado
- 1 taza de queso parmesano rallado
- 12 a 16 piezas de pepperoni en rodajas finas (opcional)

INSTRUCCIONES:

a) Precalienta el horno a 375°F. Engrase una fuente para hornear de 9 × 13 pulgadas.

b) En un tazón mediano, mezcle la calabaza, la leche, el orégano, la albahaca, la nuez moscada, las hojuelas de pimiento rojo y una pizca de sal y pimienta. En un tazón mediano aparte, combine la ricota, el ajo, la salvia picada y el perejil y sazone con sal y pimienta.

c) Unte una cuarta parte de la salsa de calabaza (aproximadamente 1 taza) en el fondo de la fuente para hornear preparada. Agrega 3 o 4 láminas de lasaña, partiéndolas según sea necesario para que quepan. Está bien si las hojas no cubren completamente la salsa. Coloque una capa sobre la mitad de la mezcla de ricotta, la mitad de los pimientos rojos y luego 1 taza de fontina. Agrega otra cuarta parte de la salsa de calabaza y coloca 3 o 4 pastas de lasaña encima. Coloque una capa con la mezcla de ricotta restante, los pimientos rojos restantes, 1 taza de fontina y luego otra cuarta parte de la salsa de calabaza. Agrega el resto de la pasta para lasaña y el resto de la salsa de calabaza. Espolvorea la taza restante de fontina encima y luego el queso parmesano. Cubra con el pepperoni (si lo usa)

d) En un tazón pequeño, mezcle las hojas enteras de salvia con 2 cucharaditas de aceite de oliva. Disponer encima de la lasaña.

e) Cubre la lasaña con papel aluminio y hornea por 45 minutos. Aumente el fuego a 425 °F, retire el papel de aluminio y hornee hasta que el queso burbujee, unos 10 minutos más. Deja reposar la lasaña 10 minutos. Atender. Guarde las sobras refrigeradas en un recipiente hermético hasta por 3 días.

94. Lasaña De Conchas De Pasta Cargada

INGREDIENTES : _
- 4 tazas de queso mozzarella rallado
- 1 caja (15 onzas) de queso ricotta
- 1 paquete (10 onzas) de espinacas picadas congeladas, descongeladas y exprimidas para secar
- 1 paquete (12 onzas) de conchas de pasta gigante, cocidas y escurridas
- 3-1/2 tazas de salsa para espaguetis
- Queso parmesano rallado, opcional

INSTRUCCIONES:

a) Precalienta el horno a 350°. Combine los quesos y las espinacas; meter en conchas. Organizar en un recipiente engrasado de 13x9 pulgadas. Plato de hornear. Vierta la salsa para espaguetis sobre las conchas. Cubra y hornee hasta que esté completamente caliente, aproximadamente 30 minutos.

b) Si lo desea, espolvoree con queso parmesano después de hornear.

95. Lasaña De Pollo

Hace: 6

INGREDIENTES:
- 6 pastas para lasaña crudas, hervidas
- 1 taza de pollo cocido desmenuzado
- 1 cucharadas de aceite de oliva
- ½ libra de champiñones picados
- 1 pimiento rojo picado
- 1 cebolla pequeña picada
- 3 dientes de ajo picados
- ¼ taza de caldo de pollo
- 8 onzas de queso crema
- ½ cucharaditas de orégano
- Sal y pimienta para probar
- 2 tazas de queso mozzarella rallado
- 3 tazas de salsa de tomate

INSTRUCCIONES:

a) Precalienta el horno a 350 grados F.

b) Calienta el aceite de oliva en una sartén y sofríe los champiñones, el pimiento morrón, la cebolla y el ajo durante 5 minutos.

c) Combine el pollo desmenuzado, el caldo, el queso crema, los champiñones, el pimiento morrón, la cebolla, el ajo y el orégano en un bol.

d) Agrega 1 taza de queso mozzarella y sazona con sal y pimienta.

e) Vierta 1 taza de salsa de tomate en una fuente para hornear de 9×13.

f) Crea tres capas de pasta para lasaña, mezcla de pollo y salsa de tomate.

g) Cubra con la taza restante de queso mozzarella rallado.

h) Hornea por 45 minutos.

96. Lasaña del suroeste

Hace: 6

INGREDIENTES:
- 2 cucharadas de aceite de oliva
- 1 cebolla picada
- 1 ½ tazas de queso cheddar rallado
- 1 cucharada de chile jalapeño picado
- 4 dientes de ajo picados
- 3 tazas de carne de salchicha picante
- ½ taza de salsa picante
- 1 cucharadita de condimento italiano o al gusto
- 4 tazas de salsa de tomate
- 2 tazas de queso Pepper Jack rallado
- 15 tortillas de maiz

INSTRUCCIONES:
a) Precalienta tu horno a 350 grados F.
b) Calienta el aceite de oliva en una sartén grande.
c) Saltee el ajo, el chile jalapeño y la cebolla durante 5 minutos.
d) Agrega la carne de la salchicha y sazona con el condimento italiano.
e) Agrega la salsa de tomate y la salsa picante.
f) Combina bien todos los ingredientes.
g) Tapa la sartén y cocina a fuego lento durante 15 minutos.
h) Cubra una fuente para hornear de 9×13 con spray antiadherente.
i) Cubra la fuente para hornear con 1 tortilla, una capa de salchicha y salsa, y una capa de queso pepper jack.
j) Crea 2 capas más.
k) Cubra la tercera capa con el queso cheddar.
l) Hornea por 45 minutos.

97. Lasaña Clásica

Hace: 8
INGREDIENTES:
- 1 1/2 libras. carne de res molida
- 2 huevos batidos
- 1 cebolla, picada
- 1 litro de queso ricotta semidescremado
- 2 dientes de ajo, picados
- 1/2 taza de queso parmesano rallado
- 1 cucharada de albahaca fresca picada
- 2 cucharadas de perejil seco
- 1 cucharaditas de orégano seco
- 1 cucharaditas de sal
- 2 cucharadas de azúcar moreno
- 1 libra de queso mozzarella, rallado
- 1 1/2 cucharaditas de sal
- 2 cucharadas de queso parmesano rallado
- 1 lata (29 oz) de tomates cortados en cubitos
- 2 latas (6 oz) de pasta de tomate
- 12 pastas secas para lasaña

INSTRUCCIONES:

a) Sofría el ajo, la cebolla y la carne durante 3 minutos y luego combine con la pasta de tomate, la albahaca, los tomates cortados en cubitos, el orégano, 1,5 cucharaditas de sal y el azúcar moreno.

b) Ahora configura tu horno a 375 grados antes de hacer cualquier otra cosa.

c) Comienza a hervir la pasta en agua y sal durante 9 minutos y luego retira todos los líquidos.

d) Tome un tazón, combine 1 cucharadita de sal, huevos, perejil, ricota y parmesano.

e) Coloque un tercio de la pasta en una cazuela y cubra todo con la mitad de la mezcla de queso, un tercio de la salsa y la mitad de la mozzarella.

f) Continúe colocando capas de esta manera hasta que se hayan agotado todos los ingredientes.

g) Luego cubra todo con un poco más de parmesano.

h) Cocine la lasaña en el horno durante 35 minutos.

98. Lasaña picante

Hace: 4
INGREDIENTES:
- 1 ½ libra de salchicha italiana picante desmenuzada
- 5 tazas de salsa para espaguetis comprada en la tienda
- 1 taza de salsa de tomate
- 1 cucharadita de condimento italiano
- ½ taza de vino tinto
- 1 cucharada de azúcar
- 1 cucharada de aceite
- 5 dientes de ajo picados
- 1 cebolla picada
- 1 taza de queso mozzarella rallado
- 1 taza de queso provolone rallado
- 2 tazas de queso ricota
- 1 taza de requesón
- 2 huevos grandes
- ¼ taza de leche
- 9 pasta para lasaña – sancochada
- ¼ taza de queso parmesano rallado

INSTRUCCIONES:

a) Precalienta el horno a 375 grados Fahrenheit.
b) En una sartén dorar la salchicha desmenuzada durante 5 minutos. Cualquier grasa debe ser desechada.
c) En una olla grande, combine la salsa para pasta, la salsa de tomate, el condimento italiano, el vino tinto y el azúcar y mezcle bien.
d) En una sartén calentar el aceite de oliva. Luego, durante 5 minutos, sofreímos el ajo y la cebolla.
e) Incorpora la salchicha, el ajo y la cebolla a la salsa.
f) A continuación tapamos la cacerola y dejamos cocer a fuego lento durante 45 minutos.
g) En un plato para mezclar, combine los quesos mozzarella y provolone.
h) En un recipiente aparte, combine la ricota, el requesón, los huevos y la leche.
i) En una fuente para hornear de 9 x 13, vierta 12 tazas de salsa en el fondo de la fuente.
j) Ahora coloque la lasaña, la salsa, la ricota y la mozzarella en la fuente para horno en tres capas.
k) Unte queso parmesano por encima.
l) Hornee en un plato tapado durante 30 minutos.
m) Hornee por otros 15 minutos después de destapar el plato.

99. Lasaña de pisto

Rinde: 8–10
INGREDIENTES:
- masa de huevo
- Aceite de oliva virgen extra
- 3 dientes de ajo, picados
- 1 taza (237 ml) de vino tinto
- 2 latas (794 g [28 oz]) trituradas
- Tomates
- 1 manojo de albahaca
- Sal kosher
- Pimienta negra recién molida
- Aceite de oliva
- 1 berenjena, pelada y cortada en cubitos pequeños
- 1 calabacín verde, cortado en cubitos pequeños
- 1 calabaza de verano, cortada en cubitos pequeños
- 2 tomates, cortados en cubitos pequeños
- 4 dientes de ajo, rebanados
- 1 cebolla morada, en rodajas finas
- Sal kosher
- Pimienta negra recién molida
- 3 tazas (390 g) de mozzarella rallada

INSTRUCCIONES:

a) Precalienta el horno a 350 °F (177 °C) y lleva a ebullición una olla grande de agua con sal.

b) Espolvoree dos bandejas para hornear con harina de sémola. Para hacer la pasta, extienda la masa hasta que la hoja tenga aproximadamente 1/16 de pulgada (1,6 mm) de espesor .

c) Corta las hojas enrolladas en secciones de 30 cm (12 pulgadas) y colócalas en bandejas para hornear hasta que tengas unas 20 hojas. Trabajando en tandas, coloque las hojas en el agua hirviendo y cocine hasta que estén flexibles, aproximadamente 1 minuto. Colóquelo sobre toallas de papel y séquelo.

d) Para hacer la salsa, en una olla a fuego medio, agrega el aceite de oliva virgen extra, el ajo y saltea durante aproximadamente un minuto o hasta que esté transparente. Añadimos el vino tinto y dejamos reducir a la mitad. Luego agrega los tomates triturados, la albahaca y sal y pimienta. Déjalo hervir a fuego lento durante unos 30 minutos.

e) Para hacer el relleno, en una sartén grande a fuego alto, agrega un chorrito de aceite de oliva, la berenjena, el calabacín, el tomate, el ajo y la cebolla morada. Sazone con sal y pimienta negra recién molida.

f) Para armar, coloque la salsa en el fondo de una fuente para hornear de 9 × 13 pulgadas (22,9 × 33 cm). Coloque las láminas de pasta hacia abajo, superponiéndolas ligeramente, cubriendo el fondo del plato. Agregue el pisto uniformemente sobre las láminas de pasta y espolvoree mozzarella por encima. Agregue la siguiente capa de láminas de pasta en las instrucciones opuestas y repita estas capas hasta llegar a la parte superior o se haya usado todo el relleno. Sirva un poco de salsa uniformemente sobre la hoja superior y espolvoree con un poco más de mozzarella.

g) Coloca la lasaña en el horno y cocina durante aproximadamente 45 minutos a 1 hora. Déjelo enfriar durante unos 10 minutos antes de cortarlo y servirlo.

100.Lasaña de peperoni

Hace: 12
INGREDIENTES:
- 3/4 libra de carne molida
- 1/4 cucharaditas de pimienta negra molida
- 1/2 libra de salami, picado
- 9 pastas para lasaña
- 1/2 libra de salchicha de pepperoni, picada
- 4 tazas de queso mozzarella rallado
- 1 cebolla picada
- 2 tazas de requesón
- 2 latas (14,5 oz) de tomates guisados
- 9 rebanadas de queso americano blanco
- 16 onzas. salsa de tomate
- Queso parmesano rallado
- 6 onzas. pasta de tomate
- 1 cucharadita de ajo en polvo
- 1 cucharaditas de orégano seco
- 1/2 cucharaditas de sal

INSTRUCCIONES:
a) Fríe el pepperoni, la carne, la cebolla y el salami durante 10 minutos. Retire el exceso de aceite. Ingrese todo en su olla de cocción lenta a fuego lento con un poco de pimienta, salsa y pasta de tomate, sal, tomates guisados, orégano y ajo en polvo durante 2 horas.
b) Encienda su horno a 350 grados antes de continuar.
c) Hierve la lasaña en agua salada hasta que esté al dente durante 10 minutos, luego retira toda el agua.
d) En su fuente para hornear, aplique una capa ligera de salsa y luego coloque capas: 1/3 laqsagna, 1 1/4 taza de mozzarella, 2/3 taza de requesón, rodajas de queso americano, 4 cucharadas de parmesano, 1/3 de carne. Continúe hasta que el plato esté lleno.
e) Cocine por 30 minutos.

101. Lasagna de cocimiento lento

Hace: 8

INGREDIENTES:
- 1 libra de carne molida
- ½ libra de carne de salchicha picante italiana desmenuzada
- 1 cebolla picada
- 3 dientes de ajo picados
- 1 taza de champiñones rebanados
- 3 tazas de salsa de tomate (la casera es buena y la envasada está bien)
- 1 taza de agua
- 8 oz. pasta de tomate
- 1 cucharadita de condimento italiano
- 12 onzas. pasta para lasaña lista para el horno (no la normal)
- 1 ¼ tazas de queso ricota
- ½ taza de queso parmesano rallado
- 2 tazas de queso mozzarella rallado
- 1 taza adicional de queso mozzarella rallado

INSTRUCCIONES:

a) Dore la carne, la salchicha, la cebolla, el ajo y los champiñones en una sartén grande durante 5 minutos.

b) Escurrir la grasa.

c) Agrega la salsa, el agua, la pasta de tomate, el condimento italiano y combina bien.

d) Cocine a fuego lento durante 5 minutos.

e) Combine la ricota, el parmesano y 2 tazas de queso mozzarella en un tazón.

f) Crea capas (2 a 3) de carne, salsa, doble capa de lasaña (rómpelas por la mitad) y la mezcla de queso.

g) Cubra con 1 taza de queso mozzarella rallado.

h) Cocine durante 4 horas a fuego lento.

CONCLUSIÓN

Al concluir nuestro viaje a través de "Domina el arte de cocinar pasta en una sartén", esperamos que no solo haya descubierto los placeres de cocinar sin complicaciones, sino que también haya dominado el arte de crear deliciosos platos de pasta con facilidad. La cocción de pasta en una sola sartén ofrece la comodidad de una limpieza mínima y al mismo tiempo ofrece el máximo sabor.

Lo alentamos a continuar explorando recetas de pasta en una sartén, experimentando con nuevos ingredientes y compartiendo sus sencillas creaciones con familiares y amigos. Cada plato que prepare es un testimonio de sus habilidades culinarias y su capacidad para agilizar el proceso de cocción.

Gracias por acompañarnos en esta aventura sin complicaciones. Confiamos en que el conocimiento y las habilidades que ha adquirido continuarán mejorando su viaje culinario, haciendo de cocinar una experiencia agradable y eficiente. ¡Feliz cocina, una sartén a la vez!

www.ingramcontent.com/pod-product-compliance
Lightning Source LLC
Chambersburg PA
CBHW071316110526
44591CB00010B/912